Wie mag das wohl weitergehen?

Barbara Schwindt

Wie mag das wohl weitergehen?

20 Geschichten zum Erzählen und Vorlesen

Otto Maier Ravensburg

© 1987 by Ravensburger Buchverlag Otto Maier GmbH
© 1977 by Otto Maier Verlag Ravensburg
Printed in Germany
Titelgestaltung: Heiner Semmelroch
unter Verwendung eines Fotos von Rupert Leser
Redaktion: Helga Könecke

11   10   9   91   90   89

ISBN 3-473-55014-0

Inhalt

      Vorwort 7
G – Florian im Kindergarten 9
F – Oliver schließt sich ein 14
A – Allein unterwegs 19
G – Gerd auf dem Spielplatz 24
G – Ein kleiner Unfall 31
A – Stefan geht zur Post 37
G – Zirkusspiel 42
F – Die Überschwemmung 48
A – Einkauf im Supermarkt 53
G – Keiner will mit Stawro spielen 59
A – Rosemarie und die Suppe 64
G – Jochen und Nicole auf dem Flohmarkt 68
F – Petras Überraschung 75
A – Verlaufen! 82
F – Markus ist zu wild für mich! 87
F – Wo ist der Schlüssel? 93
F – Vater hat es mir versprochen! 98
A – Wo ist Hans geblieben? 103
F – Es klingelt an der Tür 107
G – Ist das ein Dieb? 112

Vorwort

In jeder der zwanzig kurzen, realistischen Geschichten dieses Buches kommt ein Problem zur Sprache, das unmittelbar die Initiative oder die Hilfsbereitschaft des Kindes anspricht. Auf dem Höhepunkt jeder Erzählung kann das Kind selbst entscheiden: was würde ich an dieser Stelle tun? Im Gespräch mit Eltern, Erziehern, anderen Kindern kann es verschiedene Möglichkeiten des Handelns bedenken – bis der Schluß der Geschichte die tatsächliche Lösung des jeweiligen Problems bringt.

Mit diesen Geschichten können auf einfachste Weise das Denken und die Sprache gefördert werden, denn durch nichts wird der Mensch und besonders das Kind so sehr zum Denken und Sprechen angeregt, wie durch Schwierigkeiten, in die er selbst gerät oder in ähnlicher Weise geraten kann.

Die Möglichkeit, angstfrei verschiedene Lösungen mit ihren Folgen durchdenken und danach bejahen oder verwerfen, sie auch noch einmal mit der in jeder Geschichte gegebenen Lösung vergleichen zu können, hat für die Kinder folgende wichtige Bedeutungen:

1. Kommen sie tatsächlich irgendwann in eine ähnliche Situation, so werden sie sich höchstwahrscheinlich nicht von ihrer Angst überwältigen lassen, sondern mehr Zuversicht haben, selber eine Lösung zu finden, und das Denken überhaupt in Angriff nehmen.

2. Sie lernen Schwierigkeiten vorauszusehen und damit leichter zu vermeiden, wenn bei den Gesprächen zu den Geschichten

(und ähnlichen Anregungen) jeder Lösungsvorschlag, gerade auch die törichten und die schlechten, bis zu Ende durchdacht wird.

3. Manche zwischenmenschliche Schwierigkeiten werden durch Geschichten und Gespräche darüber überhaupt erst bewußt, in ihrem Zustandekommen und Zusammenhang durchschaubar, d. h. die Kinder lernen durch sie einander besser verstehen und finden womöglich Lösungen für Probleme, die sie tatsächlich miteinander haben. (Beispiel: »Keiner will mit Stawro spielen«)

Besonders tief prägen sich die verschiedenen Lösungsmöglichkeiten ein, wenn sie nicht allein durchgesprochen, sondern auch noch durchgespielt werden (Rollenspiel, Tischtheater, Hand- und Stockpuppenspiel, auch mit den Puppen der Puppenecken und Puppenhäuser). Manches kann auch gemalt oder in Collagen dargestellt werden.

Bei den Gesprächen oder Spielen sollten eigene schon vorhandene ähnliche Erlebnisse erzählt oder dargestellt und besprochen werden dürfen. Außerdem sollten die Geschichten Eltern und Erzieher dazu anregen, selbst Ähnliches aus ihren ja vielfältigen Erfahrungen zu erzählen.
Jede Geschichte ist in sich abgeschlossen. Die vorliegende Reihenfolge braucht nicht eingehalten zu werden.
Im Inhaltsverzeichnis ist angegeben, um welche Art von Schwierigkeiten es sich bei der einzelnen Geschichte handelt: Probleme in der Kindergruppe – G, in der Familie – F, Kind allein – A.

Florian im Kindergarten

Florian hat heute Geburtstag. Er ist vier Jahre geworden. Oh, wie freut er sich, daß er jetzt so ein großer Junge ist!
Er hat einen schönen Kuchen bekommen, den hat Mama selbst gebacken. Rund herum stehen vier Lichter und in der Mitte das dicke Lebenslicht.
Auf Florians Geburtstagstisch liegt ein Bilderbuch, und daneben steht eine kleine Feuerwehr. Andreas und Bernd, das sind Florians große Brüder, schenken ihm einen Ball.
Außerdem bekommt Florian noch etwas Schönes: eine Butterbrottasche. Wofür die wohl ist?
»Mama, jetzt bin ich doch vier«, sagt Florian. »Komme ich nun in den Kindergarten?«
Mama nickt.
»Ja, Florian«, sagt sie. »Dafür hast du doch die Butterbrottasche bekommen. Ich hab dich für Montag im Kindergarten angemeldet.«
Florian freut sich. Er hat sich manchmal sehr gelangweilt, wenn seine Mutter morgens so viel zu tun hat, sein Vater zur Arbeit fort ist, und Bernd und Andreas in der Schule sind.
Endlich ist Montag. Florian springt schon früh morgens aus dem Bett und rennt zu Mama und Papa. Sie schlafen noch.
Florian umarmt Mama und ruft: »Steh schnell auf, Mama! Ich muß in den Kindergarten!«
Mama reibt sich ganz erschrocken die Augen.
»Es ist ja noch stockdunkel, Florian«, sagt sie und sieht auf ihren kleinen Wecker. »Erst halb sechs ist es! Nein, du mußt noch ein bißchen schlafen.«

„Aber bei dir!« sagt Florian. Und das darf er.
Schlafen kann Florian nicht mehr. Er freut sich zu sehr auf den Kindergarten. Er möchte so gern einen Freund haben – ob er den wohl bekommen wird?
Nach dem Frühstück, als Papa und die Brüder fortgegangen sind, zieht Mama ihren Mantel an. Florian steht schon ungeduldig an der Tür. Die neue Butterbrottasche hat er umgehängt.
Mama hält ihn fest an der Hand, als sie zusammen über die Straße gehen. Florian weiß genau, daß er nur bei »Grün« hinüberdarf.
Da hinten sieht er schon das weiße Haus mit dem großen Spielplatz. Das ist der Kindergarten.
Florian sieht, wie von allen Seiten Kinder kommen und ins Haus gehen.
Auf einmal hat er ein kleines bißchen Angst. Er ist froh, daß Mama bei ihm ist und sie zusammen ins Haus gehen.
»Hier bringe ich Ihnen Florian!« sagt Mama zu einer jungen Frau, die ihnen entgegenkommt.
»Guten Tag, Florian!« sagt sie. »Ich bin Frau Bauer. Willst du mit in unser Spielzimmer kommen?«
Das will Florian gern. Er hat keine Angst mehr, weil Frau Bauer so nett ist. Er winkt Mama zu und ist gar nicht traurig, daß sie fortgeht.
Im Spielzimmer steht ein großer runder Tisch. Daran sitzen schon einige Kinder und spielen. Ein Mädchen zieht Holzperlen auf eine Schnur. Zwei Jungen bauen einen Turm aus Bauklötzen. Alle dürfen sich aus den Regalen an der Wand etwas holen, womit sie spielen wollen.
»Du kannst hier neben Annette sitzen, Florian!« sagt Frau Bauer. »Aber such dir zuerst etwas Schönes zum Spielen aus.«
»Alles, was ich will?« fragt Florian.
»Ja«, sagt Frau Bauer. Sie geht schnell zu einem kleinen Mädchen, das hingefallen ist und weint.

Florian sieht sich erstmal alles in Ruhe an. Er sieht eine bunte Holzeisenbahn und will sie gerade nehmen – da entdeckt er etwas! In der Ecke neben dem Fenster ist eine richtige gemütliche Puppenecke. Da sind drei Puppenstuben und ein kleiner Herd, auf dem man richtig kochen kann! Und auf einer Bank sitzen lauter Puppen, kleine und größere, eine mit blonden Zöpfen und eine mit braunen Locken. Sogar eine niedliche Negerpuppe ist dabei.

Florian hat noch nie mit einer Puppe gespielt. Er hat ja keine Schwester. Deshalb gibt es bei ihm zu Hause nur Spielzeug für Jungen.

Er möchte schrecklich gern einmal eine Puppe im Arm halten und mit ihr spielen. Er geht zur Ecke und nimmt sich eine Puppe von der Bank. Sie hat ein freundliches Gesicht und blonde Locken.

Florian setzt sich mit der Puppe auf den Platz, den Frau Bauer ihm gezeigt hat. Die Puppe hat eine Flasche mit einem kleinen Sauger um den Hals gebunden. Damit beginnt Florian jetzt die Puppe zu füttern.

Auf einmal ruft ein Junge: »Hach, der spielt noch mit Puppen!« Florian sieht ganz erschrocken hoch. Hat der Junge ihn gemeint? Ja! Alle Kinder sehen Florian an. Einige lachen und rufen: »Baby! Baby! Der spielt mit Puppen!«

»Ich bin kein Baby!« schreit Florian zornig. Beinahe muß er weinen, weil ihn alle auslachen. Aber das kann er doch nicht vor all den fremden Kindern.

Neben ihm sitzt Annette. Sie lacht nicht über Florian. Sie findet es nicht schlimm, daß er mit der Puppe spielt.

Aber wie soll sie ihm helfen? Was kann sie tun, damit die anderen Kinder Florian nicht mehr auslachen?

Was würdest du tun?

1. Das Problem der Geschichte:

Ein Junge, der mit »Mädchenspielzeug« spielt, wird von der Kindergruppe ausgelacht.

2. Problemkreise, die man anhand dieser Geschichte mit den Kindern besprechen kann:

- Abbau von Vorurteilen: spezifisches Mädchen- oder Knabenspielzeug.
- Notwendigkeit der Toleranz im Zusammenleben.
- Anregen, sich in das Kind hineinzuversetzen, seine Gefühle nicht zu verletzen.
- Mit den Kindern einen Weg suchen, dem verspotteten Kind zu helfen.

Schluß der Geschichte:

Florian denkt: Wenn Frau Bauer doch käme! Aber sie ist mit dem Mädchen, das hingefallen ist, hinausgegangen, um ihm ein Pflaster zu geben.
Annette möchte auch am liebsten, daß Frau Bauer da wäre. Die ist so nett – sie würde schon dafür sorgen, daß keiner mehr den Florian auslacht!
Aber nun merkt Annette, daß sie selber Florian helfen muß. »Seid doch ruhig!« ruft sie ganz laut. »Wir spielen ja gerade zusammen »Mutter und Kind«!«
Weil Annette das so laut gerufen hat, sind plötzlich alle still – »Komm, gib mir mal die Puppe!« sagt Annette zu Florian. »Sie hat jetzt genug getrunken. Jetzt legen wir sie ins Bett.«
Florian ist so froh, daß Annette ihn nicht auslacht. Er gibt ihr die Puppe.
Annette steht auf.

»Komm mit!« sagt sie zu Florian. Sie geht mit ihm zur Puppenecke und holt eine alte Wiege hervor.
»So, du kannst sie selbst ins Bett legen!« sagt Annette zu Florian.
Ganz vorsichtig legt Florian die Puppe in die Wiege und deckt sie mit der bunten Decke zu.
»Und was jetzt?« sagt er.
»Jetzt muß ich singen, damit sie einschläft«, sagt Annette. »Und du kannst sie schaukeln.«
Gerade kommt Frau Bauer ins Spielzimmer. Sie sieht Florian und Annette an der Wiege sitzen und die Puppe schaukeln.
»Wir spielen Mutter und Kind!« sagt Florian.
»Ja, das ist ein feines Spiel«, sagt Frau Bauer.
Als Florian heute von Mama abgeholt wird, fragt sie: »Hast du denn schon einen Freund, Florian?«
»Nein«, sagt Florian. »Aber eine Freundin. Sie heißt Annette.«
Vergnügt hopst er neben Mama nach Hause.

Oliver schließt sich ein

Die Mutter kommt zu Peter und Oliver ins Kinderzimmer.
»Denk dir, Peter«, sagt sie, »Großmama hat angerufen. Sie ist krank, und ich muß schnell zu ihr.«
»Dürfen wir mit?« fragt Peter. Er ist sechs Jahre und spielt gerade mit seiner kleinen Eisenbahn.
»Ich will auch mit! Olli will auch mit!« ruft Peters kleiner Bruder. Oliver ist erst drei. Er klettert flink vom Stuhl und läuft zu Mama. Aber die Mutter schüttelt den Kopf.
»Nein, ich kann euch nicht mitnehmen«, sagt sie. »Großmama hat Kopfschmerzen, das wird ihr zuviel, wenn ihr beide mitkommt.«
»Och, schade!« sagt Peter enttäuscht.
Und Oliver sagt auch: »Och, schade...« Denn er macht alles wie Peter.
»Wir können ja solange draußen spielen«, sagt Peter, »vor dem Haus von Großmama. Da warten wir auf dich, Mama.«
»Aber Peter, guck doch mal aus dem Fenster! Es regnet wie toll – ihr würdet ganz naß werden.«
Peter und Oliver gehen ans Fenster. Wirklich, es gießt! Viele Menschen haben einen Regenschirm aufgespannt.
Die Mutter hat schon ihren Mantel angezogen.
»Peter«, sagt sie. »Ihr werdet doch keine Dummheiten machen?«
»Nein, Mama«, sagt Peter. »Ich paß auf Oliver auf.«
»Ich paß selber auf!« sagt Oliver gekränkt.
»Das ist fein!« sagt die Mutter. »Willst du vielleicht einen Turm für mich bauen, Oliver? Den zeigst du mir dann, wenn ich wiederkomme.«

»O ja!« sagt Oliver. Er geht gleich zum Spielbord und holt seinen Baukasten.

»Soll ich dir helfen?« fragt Peter, als die Mutter fortgegangen ist. Aber das will Oliver nicht. Er will den Turm allein bauen. Da nimmt Peter ein Bilderbuch und fängt an, darin zu lesen. Er kann es schon ein bißchen, denn vor einiger Zeit ist er in die Schule gekommen.

Laut liest er von dem kleinen Bär, der im Wald wohnt.

Da sieht er, wie Oliver aufsteht und zur Tür geht.

»Wo willst du hin, Olli?« fragt Peter.

»Ins Badezimmer«, sagt Oliver. Er geht hinaus. Und Peter liest weiter in seinem Buch.

Auf einmal guckt er ganz erschrocken hoch. Wo bleibt Oliver denn? Er ist doch schon so lange draußen...

Peter legt sein Buch hin und geht schnell zum Badezimmer. Die Tür ist abgeschlossen.

Peter haut mit der Faust dagegen.

»Olli, mach doch auf! Was machst du denn so lange?«

»Olli spielt Schiffchen!« sagt der kleine Bruder. Peter hört ihn mit Wasser plätschern.

»Oliver, schließ auf!« ruft Peter. »Dann kann ich auch mitspielen.«

Er weiß schon, wenn er jetzt schimpft, dann wird Oliver nur trotzig und hört überhaupt nicht auf ihn.

»Hörst du, Olli?« ruft Peter noch einmal. »Schließ die Tür auf, dann lassen wir zusammen Schiffchen schwimmen.«

»Ja, ist gut«, sagt Oliver.

Peter hört ihn zur Tür kommen – ein Glück, denkt er!

Oliver versucht, den Schlüssel umzudrehen. Aber was ist das?

»Peter, die Tür geht nicht auf!« sagt Oliver kläglich. »Der Schlüssel will nicht.«

»Du mußt ihn andersrum drehen!« sagt Peter. »Versuch es mal, Olli, du bist doch schon so groß. Dreh andersrum!«

Peter hört gespannt zu, wie Oliver mit dem Schlüssel herumprobiert.
»Andersrum geht er auch nicht!« sagt Oliver. »Peter, *du* sollst aufschließen!«
»Das kann ich doch nicht!« ruft Peter. »Du hast doch den Schlüssel, Olli! Versuch es noch einmal – du kannst es bestimmt.«
Oliver fängt an zu weinen.
»Olli kann es nicht. Olli ist noch so klein. Mama soll kommen und Olli rausholen.«
Peter wird ganz ängstlich zumute. Wer weiß, wann die Mutter zurückkommt? Das kann noch lange dauern.
Er hört Oliver weinen und jammern.
Ja, was soll Peter jetzt tun?

Was würdest du tun?

1. Das Problem der Geschichte:

Von zwei Brüdern, die allein zu Hause sind, schließt sich der Jüngere im Badezimmer ein und kann nicht wieder heraus.

2. Problemkreise, die man anhand dieser Geschichte mit den Kindern besprechen kann:

○ Die Frage aufwerfen, ob der ältere Bruder allein imstande ist, den Jüngeren zu befreien.
○ Im Gespräch die Erkenntnis herbeiführen, daß Erwachsene zur Hilfe geholt werden müssen.
○ Besprechen der Verantwortung für das jüngere Kind: Hinweis, daß Peter Angst bekommt (was kann man gegen Angst tun?).
○ Die Frage klären, wie man solcher Situation vorbeugen könnte: z. B. kleinere Geschwister nicht allein in andere Räume lassen.

Schluß der Geschichte:

Peter denkt:»Oh, hätte ich bloß diesen dummen Olli nicht allein ins Badezimmer gehen lassen!« Immer lauter schreit Oliver – und Mama ist weit fort. Die kann nicht helfen.
»Ich muß jemand holen, der mir hilft!« denkt Peter.
Schon will er fortrennen, da fällt ihm ein, daß er Oliver Bescheid sagen muß.
Er klopft laut an die Badezimmertür.
»Du, Olli!« ruft er.»Hörst du mich?«
»Ja!« weint Oliver.»Du sollst Olli hier rausholen, Peter!«
»Ja, das will ich auch!« ruft Peter.»Sei mal ganz still und hör zu! Ich geh jetzt zu Herrn Becker, der kann uns sicher helfen.«
»Nein, du sollst nicht fortgehen!« schreit Oliver.»Olli will nicht allein bleiben!«
»Ich komm ja gleich wieder!« sagt Peter.»Sei ganz still, ich hol nur Herrn Becker.«
Und Peter macht weit die Wohnungstür auf. Damit sie nicht zufliegt, stellt er Vaters große Gummistiefel dagegen.
Dann rennt er, so schnell er kann, die Treppe hinunter und klingelt bei Herrn Becker.
Zum Glück ist der Hausmeister da. Er brummt ein bißchen, als Peter ihm aufgeregt alles erzählt. Aber dann nimmt er seinen Handwerkskasten unter den Arm und geht mit Peter nach oben.
»Olli, wir sind wieder da!« ruft Peter.»Herr Becker hilft uns jetzt. Aber du mußt den Schlüssel aus der Tür nehmen!«
»Ja, sonst kann ich das Schloß nicht abschrauben«, sagt Herr Becker.»Nun hör mal auf zu weinen, kleiner Mann, gleich kannst du wieder rauskommen.«
Peter sieht gespannt zu, wie Herr Becker seinen Schraubenzieher aus dem Handwerkskasten nimmt und damit an der Tür hantiert. Ein paar Minuten später ist das Schloß abgeschraubt – und die Tür geht auf!

Oliver stürzt sich in Peters Arme.
»Olli will nicht mehr in dem alten Badezimmer sein! Olli will keine Schiffchen mehr schwimmen lassen!«
»Das ist noch einmal gut gegangen, du kleiner Racker!« sagt der Hausmeister und droht Oliver ein bißchen.
Peter und Oliver sehen zu, wie Herr Becker das Türschloß wieder einsetzt.
»Vielen Dank!« sagt Peter.
Oliver verkriecht sich hinter Peters Rücken und sagt gar nichts. Aber jetzt läßt Peter ihn keinen Schritt mehr allein aus dem Kinderzimmer gehen – bis die Mutter endlich nach Hause kommt.

Allein unterwegs

»Mutti, wo bist du?« ruft Annegret aufgeregt, als sie aus der Schule nach Hause kommt.
»Hier bin ich!« sagt die Mutter. »Was ist denn los, Annegret?«
»O Mutti, ich bin bei Lisa Rimpau zum Geburtstag eingeladen! Übermorgen, am Sonntag! Wir sollen den ganzen Tag kommen, Sabine und ich und noch ein paar Kinder aus unserer Klasse.«
»Das ist ja herrlich!« sagt die Mutter.
Annegret fängt eifrig an zu erzählen. Lisas Eltern haben einen Bauernhof. Sie wohnen draußen vor der Stadt. Man muß lange mit der U-Bahn fahren, hat Lisa gesagt.
Und damit auch alle Kinder, die eingeladen sind, hinfinden, will sich Lisas Vater auf dem Hauptbahnhof mit ihnen treffen. Dort steigen sie dann zusammen in die U-Bahn, die nach Langenhorn geht.
Annegret freut sich. Sie ist voriges Jahr zur Schule gekommen und ist schon sieben Jahre. Mit ihrer Mutter zusammen kauft sie ein Buch für Lisa, das will sie ihr zum Geburtstag schenken. Es wird in buntes Papier gewickelt, damit es ein richtig schönes Geburtstagsgeschenk wird.
Annegret kann am Abend vor dem Geburtstag vor Freude kaum einschlafen. Sie will ihr Dirndlkleid anziehen! Und Lisa hat gesagt, daß viele Hühner und Gänse und kleine Ferkel auf ihrem Hof sind...
Am nächsten Morgen ist Annegret sogleich munter. Schnell sieht sie aus dem Fenster – was für ein Glück, daß es nicht regnet!

Eigentlich soll Katrin, ihre große Schwester, sie zur U-Bahn bringen. Aber Katrin ist heute nacht krank geworden. Sie hat Fieber, und die Mutter telefoniert mit dem Arzt.
Deshalb macht sich Annegret allein auf den Weg. Das macht nichts, denn sie kennt den Weg genau.
Der Vater sagt: »Du mußt auf der rechten Seite vom Bahnsteig einsteigen, Annegret – hörst du?«
»Ja«, sagt Annegret.
Und weil die Mutter ein bißchen ängstlich aussieht, sagt Annegret tröstend zu ihr: »Ich steige bestimmt in die richtige Bahn, Mutti. Ich bin doch auch schon allein zu Tante Dora gefahren.«
Das ist wahr. Annegret ist wirklich groß und kann ruhig einmal allein fahren.
Um neun Uhr wollen sich alle Kinder mit Lisas Vater auf dem Hauptbahnhof treffen. Jetzt ist es halb neun.
Annegret löst ihre Fahrkarte und geht zur Rolltreppe. Es macht Spaß, hinunterzufahren.
Und nun geht sie auf dem Bahnsteig auf und ab und wartet auf die U-Bahn.
Sie sieht sich all die schönen Schokoladenkästen an in dem kleinen Geschäft und die bunten Bonbons. Dann geht sie um den Warteraum herum und sieht den kleinen Laden, in dem man Zeitungen kaufen kann und Bücher.
Annegret sieht nach, ob auch Kinderbücher dabei sind. Und nun weiß sie plötzlich nicht mehr, von welcher Seite sie gekommen ist... Wo ist denn nun die rechte Seite, wo sie einsteigen muß?
Schnell fragt sie einen jungen Mann: »Welcher Zug fährt zum Hauptbahnhof?«
»Hier, dieser!« sagt er und zeigt auf die U-Bahn, die gerade durch den Tunnel gefahren kommt.
Erleichtert steigt Annegret ein. Und bei jeder Station paßt sie genau auf, wie sie heißt. Es geht immer weiter, immer weiter – kommt denn noch nicht der Hauptbahnhof?

Annegret wird etwas ängstlich zumute. Auf der großen Uhr auf der nächsten Station sieht sie, daß es schon gleich neun ist. Da wollten sie sich doch alle mit Lisas Vater treffen...
»Wie lange dauert es noch bis Hauptbahnhof?« fragt Annegret eine Dame, die neben ihr sitzt.
»O, das sind noch ungefähr sieben oder acht Stationen – eine Viertelstunde dauert es bestimmt noch, oder zwanzig Minuten.«
»Was?!«
Annegret sieht so entsetzt aus, daß die Dame sie fragt:
»Woher kommst du denn?«
»Von Mundsburg. Und mein Vater hat gesagt, es sind nur ein paar Stationen.«
»Ach Kind, da bist du in den falschen Zug gestiegen! Dieser fährt zwar auch zum Hauptbahnhof, aber du fährst um die ganze Stadt herum.«
»Dann steig ich schnell auf der nächsten Station aus«, sagt Annegret.
»Nein, das hat keinen Zweck!« sagt ein Herr, der zugehört hat. »Dann dauert es noch länger, wenn du die ganze Strecke wieder zurückfährst.«
Annegret beißt die Zähne zusammen, um nicht zu weinen. Jetzt ist es schon viertel nach neun – Lisas Vater wird sicher nicht länger auf sie warten. Oh, wie schrecklich wäre es, wenn sie nun nicht mit zu Lisas Geburtstag könnte!
Endlich, endlich sieht sie das Schild »Hauptbahnhof«! Es ist kurz vor halb zehn. Schnell steigt Annegret aus und sieht sich gespannt um.
Auf dem langen Bahnsteig gehen viele Menschen hin und her. Aber nirgends ist eine Gruppe Kinder zu sehen – niemand aus Annegrets Klasse, die sie kennt.
Annegret denkt ganz scharf nach. Eins weiß sie noch genau: Lisa wohnt in Langenhorn... Zum Glück hat sie ein paar blanke Markstücke in ihrem kleinen Portemonnaie – Fahrgeld hat sie

also genug. Aber wie soll sie allein nach Langenhorn hinfinden? Was soll Annegret nur tun?

Was würdest du tun?

1. Das Problem der Geschichte:

Ein siebenjähriges Mädchen steigt in einen falschen Zug und verpaßt die Freunde, die sie am Hauptbahnhof zu einer Geburtstagsfeier abholen wollen.

2. Problemkreise, die man anhand dieser Geschichte mit den Kindern besprechen kann:

○ Aufregung, weil etwas Schönes bevorsteht.
○ Die Furcht, allein einen unbekannten Weg zu finden.
○ Auf sich selbst angewiesen sein und allein zu überlegen.
○ Durch Mut ein gewünschtes Ziel zu erreichen, macht stolz.
○ Hinweis, daß Erwachsene (Bahnbeamter!) helfen können.

Schluß der Geschichte:

Annegret hat es sich überlegt. Sie will nicht nach Hause fahren. Sie geht entschlossen zu einem Beamten, der eine rote Mütze trägt.
»Können Sie mir bitte sagen, wie ich nach Langenhorn komme?« fragt sie.
»Ja, kleines Fräulein. Da mußt du dort zum Bahnsteig drei und auf der rechten Seite einsteigen. Du fährst ungefähr eine halbe Stunde – dann bist du in Langenhorn.«
»Danke!« sagt Annegret. »Zeig mal deine Fahrkarte! Da mußt du noch einen Zuschlag kaufen.« »Ja«, sagt Annegret.
»Paß gut auf, daß du auch richtig in Langenhorn aussteigst!« ruft der Beamte ihr noch nach.

»Ja!« ruft Annegret. Sie löst eine neue Karte, bis Langenhorn. Und jetzt will sie mächtig aufpassen: Bahnsteig 3, und auf der rechten Seite einsteigen! hat der Mann gesagt. Sie will sich keine Bücher und keine Schokolade ansehen, sondern nur auf ihren Zug warten.
Diesmal ist es die richtige Bahn! Ein bißchen aufgeregt ist Annegret noch, weil sie nicht die Straße weiß, wo Lisa wohnt. Aber ein Bauernhof – den muß man doch finden! Gleich, als Annegret in Langenhorn ausgestiegen ist und aus dem Bahnhof kommt, fragt sie eine Frau mit einem Korb: »Ach, bitte, wissen Sie, wo Lisa Rimpau wohnt?«
»Rimpau? Du meinst den Hof Rimpau?«
»Ja! Den meine ich!« sagt Annegret.
»Da mußt du aber noch ein ganzes Stück gehen, Kleine. Hier, diese Landstraße entlang, dann ist es gleich der erste große Bauernhof auf dieser Seite.«
Annegret marschiert vergnügt los. Was Lisa wohl für Augen macht, wenn sie doch noch kommt?
Eine halbe Stunde später wird Annegret mit großem Erstaunen auf dem Bauernhof empfangen.
»Was? Bist du doch noch gekommen? Wo warst du denn nur?« fragen Lisas Eltern.
Annegret lacht und erzählt und gibt Lisa das Geschenk. Sie ist so froh, daß sie es geschafft hat und doch noch den Weg gefunden hat!
»Du bist wirklich ein tüchtiges Mädchen!« sagt Lisas Vater. Und Lisas Mutter schenkt ihr ein großes Glas Himbeersaft ein.
»Damit du dich erst mal von dem langen Weg erholst!« sagt sie.

Gerd auf dem Spielplatz

Walter und Helga sind Zwillinge und spielen immer zusammen. Sie sind sechs Jahre und sollen im Herbst zur Schule kommen. Beinahe jeden Tag gehen sie auf den Spielplatz. Der ist nahe bei ihrem Haus, sie brauchen nicht einmal über die Straße zu gehen.
Ein paar Tage lang hat es geregnet und gehagelt – da konnten Walter und Helga natürlich nicht nach draußen.
Aber heute scheint wieder die Sonne!
Helga springt aus ihrem Bett und ruft: »Schnell, Walter, zieh dich an! Wir können auf den Spielplatz.«
Am liebsten würden Walter und Helga sich heute gar nicht waschen. Und frühstücken möchten sie auch nicht. Das dauert alles so lange, finden sie. Viel lieber würden sie, so, wie sie sind, in Shorts und Hemden mit ihren Sandalen nach draußen stürmen.
Aber das erlaubt ihre Mutter leider nicht.
»Erst ins Badezimmer!« sagt sie und guckt zu, ob auch keiner vergißt, sich die Zähne zu putzen.
Und dann gibt es ein leckeres Frühstück mit Kakao und Honigbrötchen.
Holterdipolter springen Walter und Helga die Treppen hinunter. Die Mutter ruft ihnen nach: »Ihr wißt ja, wenn die große Turmuhr zwölf schlägt, dann kommt ihr nach Hause!«
»Ja!« brüllen Walter und Helga.
Und nun sind sie vor der Haustür im Sonnenschein und laufen erwartungsvoll zum Spielplatz.
Hans und Ilse sind schon da und turnen an dem Klettergerät

herum. Und da kommen noch ein paar Kinder mehr.
»Wollen wir Kreis spielen?« schlägt Helga vor.
»O ja!« rufen Ilse und Gerda.
Die Jungen spielen auch mit. Alle singen mit schallender Stimme: »Es fuhr ein Bauer ins Holz! Es fuhr ein Bauer ins Holz! Heißa Viktoria, es fuhr ein Bauer ins Holz.«
Zuletzt wird Walter der Knochen und steht ganz allein da.
Alle klatschen in die Hände und lachen, aber das macht nichts. Walter lacht mit.
»Noch einmal!« ruft Ingrid.
Aber Torsten schüttelt den Kopf.
Er sagt: »Seht mal, wer da kommt!«
Alle sehen es: ganz langsam und schüchtern kommt Gerd auf den Spielplatz. Gerd ist ängstlich. Er ist nicht stark. Wenn ihn jemand haut, läuft er fort und weint.
Und trotzdem möchte er so gern mit den anderen Kindern spielen.
»Wißt ihr was?« sagt Andreas. »Den ärgern wir jetzt mal.«
»Nein, warum denn?« sagt Helga. »Laß ihn doch mitspielen.«
»Ja, das soll er auch«, sagt Torsten. Er flüstert ein bißchen mit seinem Freund Andreas. Sie lachen zusammen.
Torsten und Andreas sind größer und stärker als die anderen Kinder auf dem Spielplatz.
Gerd kommt langsam näher.
Da zieht Torsten einen kleinen bunten Ball aus seiner Hosentasche und sagt: »Du, Gerd, willst du meinen Ball haben? Er ist ganz neu.«
Gerd sieht verwundert auf den Ball und dann auf Torsten. Das kann doch nicht sein, denkt er. Erst ärgert mich Torsten immer – und nun will er mir seinen neuen Ball schenken?
Auch die anderen Kinder wundern sich.
Aber Torsten und Andreas lachen und halten Gerd den Ball hin: »Hier! Du sollst ihn haben! Nimm ihn doch, Gerd!«

Da fängt Gerd an zu lächeln und freut sich. Er nimmt den Ball und dreht ihn nach allen Seiten um, weil er so schön und bunt ist. Walter sagt: »Dann können wir ja ‚Kaiser, König, Edelmann' mit dem Ball spielen!«
»O ja!« rufen die Kinder.
Da sagt Andreas: »Gerd, wem gehört der Ball?«
»Mir!« sagt Gerd und lacht.
»Was – dir?« schreit Andreas. »Hast du das gehört, Torsten? Er hat dir deinen Ball gestohlen.«
»Das sollst du büßen!« sagt Torsten und stürzt sich auf Gerd. Andreas winkt all den Kindern zu, die um ihn herumstehen.
»Jetzt wird Gerd verprügelt!« ruft Andreas. »Der ist ein Dieb! Er hat Torsten den Ball weggenommen.«
»Nein, das hat er nicht!« ruft Helga. »Ihr habt ihm den Ball doch geschenkt!« Sie ist ganz zornig.
»Er sollte ihn nur mal festhalten«, sagt Torsten. »Und nun sagt er gleich, es ist sein Ball.«
Gerd fängt an zu weinen, denn Torsten und Andreas puffen und stoßen ihn, so daß er hin- und hergeschubst wird.
»Hier habt ihr den Ball!« ruft Gerd und wirft den Ball ins Gebüsch. »Ich will ihn gar nicht haben.«
»So, jetzt hast du meinen neuen Ball weggeworfen, du!« schimpft Torsten. »Wenn ich das meinem Vater sag, dann verprügelt er dich.«
Gerd stolpert zum Gebüsch. Vor Tränen kann er nicht richtig sehen. Und als er sich nun bückt, um nach dem Ball zu suchen, gibt Torsten ihm noch einen Stoß, so daß er hinfällt und sich an den scharfen Zweigen wehtut.
»Such nur, bis du ihn hast!« ruft Andreas und lacht. »Eher laß dich hier nicht mehr sehen.«
Torsten und Andreas gehen zu den anderen Kindern zurück. Die stehen stumm und erschrocken da.
»So«, sagt Andreas. »Wenn Gerd jetzt wiederkommt, stellen wir

uns in zwei Reihen auf. Und er muß zwischen uns durchlaufen, und jeder gibt ihm einen Stoß. Das hat er verdient. Der Dieb!«
»Er ist gar kein Dieb!« sagt Walter. »Ich hab es ja selbst gesehen, wie ihr ihm den Ball gegeben habt.«
»Ja«, sagt Helga. »Das hab ich auch gesehen und gehört!«
»Gar nichts habt ihr gesehen!« schreit Torsten. »Gerd ist ein Feigling, und dafür muß er bestraft werden. Los, alle aufstellen! In zwei Reihen! Wer nicht mitmacht, ist feige!«
Zögernd stellen sich alle auf: Jochen, Ingrid, Hans, Ilse, Gerda, und wie sie alle heißen. Sie haben ein bißchen schlechtes Gewissen.
Die Mädchen kichern. Eigentlich finden sie es sehr ulkig, wenn Gerd jetzt kommt und muß zwischen ihnen durchlaufen, und von jedem bekommt er einen Puff...
Nur Walter und Helga stellen sich nicht mit auf.
»Macht doch auch mit, Walter und Helga!« ruft Torsten. »Hier müssen alle mitmachen.«
»Nein, ich will nicht!« sagt Helga trotzig. Und Walter läuft zu dem Busch, wo Gerd den Ball gefunden hat. Er sagt leise und hastig: »Geh lieber nach Hause, du, sie wollen dich verhauen!«
Aber Gerd sieht ihn nur kläglich an.
Er hat zu große Angst, um wegzulaufen.
Walter und Helga gehen schnell nach Hause. Und dabei hat die Turmuhr noch lange nicht zwölf geschlagen.
Von weitem hören sie Gerd schreien: »Laßt mich! Ich tu es nicht wieder!«
»Was sollen wir bloß tun?« sagt Helga. »Sie sollen ihn nicht mehr hauen!«
»Ja, aber Torsten und Andreas sind stärker als ich«, sagt Walter.
Helga hat dicke Tränen in den Augen. Sie will Gerd gern helfen. Aber was soll sie tun?

Was würdet ihr tun, wenn ihr Helga und Walter wäret?

1. Das Problem der Geschichte:

Ein schwächliches Kind wird von zwei größeren Jungen fälschlich beschuldigt und gequält; die Kindergruppe wird überredet, sich daran zu beteiligen.

2. Problemkreise, die man anhand dieser Geschichte mit den Kindern besprechen kann:

○ Besprechen, daß die scheinbar »Starken« die eigentlichen Feiglinge sind, da sie ein schwächeres Kind quälen.
○ Anregen, sich in das ängstliche und hilflose Kind hineinzuversetzen. Erkennen, daß auch Jungen Angst haben und weinen.
○ Den Mut haben, sich gegen die Bosheit der Stärkeren oder der Gruppe aufzulehnen, wenn man selbst die Handlungsweise nicht gut findet.
○ Möglichkeiten der Auflehnung suchen: z. B. Nichtmitmachen, andere zur Hilfe holen.

Schluß der Geschichte:

»Nanu!« sagt die Mutter, als Helga und Walter schon so früh nach Hause kommen. »Ist etwas los? Ihr sehr ja ganz traurig aus.« Walter und Helga erzählen schnell von Gerd und dem Ball und wie böse Torsten und Andreas zu ihm sind.
»Habt ihr Gerd denn nicht geholfen?« fragt die Mutter.
»Wir konnten es doch nicht!« sagt Walter. »Andreas und Torsten sind so stark, die können wir nicht festhalten, wenn sie Gerd verhauen wollen.«
»Ich komme jetzt mal mit euch!« sagt die Mutter.
Walter und Helga sind froh, daß sie ihrer Mutter alles erzählt haben. Als sie zusammen auf den Spielplatz kommen, sehen sie Gerd.

Er läuft weinend von einem Ende des Platzes zum andern. Alle rennen johlend hinter ihm her und versuchen, ihn einzufangen.
»Andreas! Torsten!« ruft die Mutter. »Hört sofort auf! Komm, Gerd, komm einmal zu mir!«
Alle Kinder sind so erschrocken, daß sie stehenbleiben und kein Wort sagen. Die Mutter nimmt Gerd bei der Hand und gibt ihm ein Taschentuch.
»Du brauchst keine Angst mehr zu haben«, sagt sie leise.
»Der ist ein Dieb!« ruft Torsten. »Er hat meinen Ball weggenommen.«
»Nein, das hat er nicht! Ihr habt gelogen!« sagt die Mutter. »Und das war sehr häßlich.«
»Wir haben ja nur Spaß gemacht«, sagt Hans verlegen.
»Ja, wir haben nur Spaß gemacht«, sagen auch die Mädchen.
Die Mutter schüttelt den Kopf.
»Nein, das ist kein Spaß, wenn zehn Kinder auf einen einzigen Jungen losgehen. Das ist feige! Wißt ihr das nicht?«
Jetzt sind die Kinder ganz still. Andreas und Torsten schleichen sich heimlich davon.
Ilse sagt: »Torsten und Andreas, die haben die Schuld. Wir wollten Gerd gar nicht verhauen.«
»Aber ihr habt es doch getan«, sagt die Mutter. »Ich glaube, das nächste Mal tut ihr es nicht mehr – nein? Gerd ist nicht so stark. Da müßt ihr ihn beschützen.«
Die Kinder nicken. Und die Mutter sagt zu Gerd: »Willst du mit uns nach Hause kommen? Ich habe gerade Rosinenbrötchen gebacken, die sollt ihr mal probieren. Und dann kannst du mit Walter und Helga auf dem Balkon spielen und in der Hängematte schaukeln. Willst du das?«
Gerd nickt. Er schluckt und schnauft und putzt seine Tränen fort.
Helga und Walter fassen ihn bei der Hand, und sie gehen mit ihrer Mutter nach Hause.

»Ich weiß was!« sagt Walter. »Wenn sie dir nochmal was tun wollen, dann fassen wir dich an und rennen schnell mit dir weg.« Sagen kann Gerd nichts. Aber er ist so froh, daß er hier zwischen Helga und Walter geht und daß sie ihre Mutter geholt haben.

Ein kleiner Unfall

Renate geht schon zur Schule. Aber jetzt hat sie Ferien – große Sommerferien! Sie sitzt auf dem Balkon und liest in ihrem neuen Buch. Das hat sie vorige Woche zu ihrem Geburtstag bekommen, als sie acht wurde.
Da kommt ihre Mutter zu ihr. Sie sagt: »Renate, geh doch bitte mit Kerstin auf den Spielplatz. Sie langweilt sich so. Ich muß jetzt einkaufen, und es ist so heiß draußen. Ich möchte Kerstin nicht mitnehmen bei der Hitze.«
Renate macht ein verdrießliches Gesicht. Die Geschichte ist gerade so spannend – und nun soll sie damit aufhören und die dreijährige Kerstin beaufsichtigen.
»Kann Kerstin nicht zu mir auf den Balkon kommen?« fragt sie.
»Aber Renate«, sagt die Mutter. »Du weißt doch, wie wild Kerstin ist. Sie klettert am Gitter hoch, zieht die Blumen aus den Töpfen und macht lauter Dummheiten. Tu mir den Gefallen – ja?« Und dabei sieht die Mutter ihre große Tochter so bittend an, daß Renate schnell ihr Buch zuklappt und aufspringt.
»Ja, Mama«, sagt sie.
»Nach dem Mittagessen schläft Kerstin, dann kannst du tüchtig lesen«, verspricht ihr die Mutter.
Da kommt Kerstin schon angestürmt. Sie hat blonde Locken und große blaue Augen.
»Ich will barfuß laufen!« sagt sie.
»Darf sie das?« fragt Renate.
»Ja«, sagt die Mutter. »Aber erst, wenn ihr auf dem Rasen seid.«
»Nein, jetzt schon! Jetzt schon!« schreit Kerstin und zerrt ihre kleinen Sandalen von den Füßen.

»Kerstin!« sagt die Mutter. »Zieh deine Schuhe wieder an! Im Treppenhaus ist es zu kalt.«
Kerstin weiß schon: wenn Mama das so streng sagt, kann man nichts machen. Sie schimpft zwar vor sich hin, zieht aber die Sandalen wieder an.
Renate muß ein bißchen lachen, denn Kerstin sieht so trotzig und niedlich aus.
»Nun paß schön auf den kleinen Racker auf!« sagt die Mutter.
Der Spielplatz ist hinter dem Hochhaus, in dem Renate mit ihren Eltern und Kerstin wohnt. Große schattige Bäume sind da, auf dem Rasen stehen Klettergeräte, und in der Mitte ist eine Sandkiste.
Renate kommt aus dem Haus und hält Kerstin an der Hand. Kerstin schwenkt ihren kleinen Sandeimer so wild hin und her, daß die Sandformen und die Schaufel herausfallen.
Renate bückt sich und packt alles wieder in den Eimer. Da zieht Kerstin ihre Sandalen aus und wirft sie hoch in die Luft.
»Kommt ein Vogel geflogen!« ruft sie und lacht. Dann rennt sie über den Rasen, damit Renate sie einfangen soll.
Schließlich ist Renate ganz außer Atem. Sie ist froh, als Kerstin endlich in der Sandkiste sitzt und anfängt, kleine Kuchen aus Sand zu backen.
Renate setzt sich zu ihr an den Rand der Sandkiste und paßt auf, daß Kerstin niemand mit ihrer kleinen Schaufel haut. Es sind nämlich noch mehr Kinder da, und Kerstin will eine ganze Ecke für sich allein haben.
Plötzlich kommen vier oder fünf große Jungen und fangen an, Unsinn zu machen.
Sie haben ein paar leere Bierflaschen mitgebracht und kämpfen damit. Jeder geht mit einer Flasche auf den anderen los.
Die Kinder in der Sandkiste hören auf zu spielen und sehen gespannt zu.
Renate möchte viel lieber, daß die großen Jungen woanders

hingingen – aber das kann sie natürlich nicht sagen. Die würden sie schön auslachen.
»Geh du doch selbst weg!« würden sie wohl sagen.
Renate sieht ängstlich zu, wie die Jungen mit den Bierflaschen gegeneinander schlagen. Wenn es bloß keine Scherben gibt, denkt sie.
Da – es klirrt! Eine Flasche ist kaputt.
Aber nun wird es Renate wirklich zu bunt! Die Jungen schlagen mit den Flaschen an den Rand der Sandkiste, um sie auch noch kaputt zu machen.
Renate springt auf.
»Laßt das doch!« ruft sie laut. »Wenn hier Scherben liegen, kann man sich ja schneiden!«
Die Jungen lachen und hören nicht auf Renate. Am liebsten würde sie mit Kerstin ins Haus gehen. Aber ihre Mutter ist ja zum Einkaufen – sie kann nicht in die Wohnung.
Kerstin findet es sehr interessant, daß die großen Jungen soviel Lärm und Unfug machen. Sie klatscht in die Hände und lacht.
Renate sieht sich suchend um. Ist denn kein Erwachsener in der Nähe? Nein . . . Auch der Hausmeister ist nirgends zu sehen.
Endlich laufen die Jungen fort, nachdem sie sämtliche Flaschen in Scherben geschlagen haben.
Renate nimmt flink Kerstins Schaufel und fängt an, die Scherben in den kleinen Sandeimer zu schaufeln. Oh, das ist eine Arbeit!
»Faßt bloß keine Scherben an!« sagt Renate warnend zu den Kindern in der Sandkiste. »Sonst schneidet ihr euch.«
»Ich helf dir!« sagt Jan und kommt mit seinem Eimer und der Schaufel zu Renate. Sein Bruder Paulchen trottet hinter ihm her.
»Ihr seid nett!« sagt Renate. »Dann geht es schneller.«
Da schreit Kerstin: »Ich will auch helfen! Es ist *meine* Schaufel! Und es ist *mein* Eimer!«
»Ja, du darfst!« sagt Renate schnell, damit Kerstin nicht erst

trotzig wird. »Aber zieh erst deine Sandalen an, sonst trittst du in die Scherben. Hörst du, Kerstin!«
Zu spät! Kerstin hört nicht. Sie springt barfuß mitten in die Scherben.
Gleich darauf schreit sie laut auf. Entsetzt sieht Renate, daß Kerstin sich ein dickes Stück Glas in den Fuß getreten hat.
Oh, was soll sie jetzt tun?
Kerstin schreit wie am Spieß. Soll Renate die Scherbe aus ihrem Fuß ziehen? Oder darf man das nicht?
Sie möchte Kerstin schnell fortbringen. Aber wenn sie auch schon acht ist, so ist es doch zu schwer für sie, die dicke kleine Kerstin ins Haus zu tragen.
Was soll Renate tun?

Was würdest du tun?

1. Das Problem der Geschichte:

Ein kleines Kind, von seiner älteren Schwester beaufsichtigt, verletzt sich an Scherben, die größere Jungen mutwillig auf den Spielplatz warfen.

2. Problemkreise, die man anhand dieser Geschichte mit den Kindern besprechen kann:

○ Eigene Bedürfnisse zurückstecken müssen.
○ Situation der Hilflosigkeit bedenken: unfähig zu sein, die stärkeren Jungen an ihrem sinnlosen Tun zu hindern.
○ Die Freude der kleinen Kerstin am Zerschellen der Flaschen erklären: sie kann die Gefahr nicht einschätzen.
○ Besprechen, warum die Hilfe eines Erwachsenen oder eines Arztes hier erforderlich ist.

Schluß der Geschichte:

Renate sagt zu Jan und Paulchen, die erschrocken auf Kerstins blutenden Fuß sehen: »Geht ganz schnell und holt eure Mutter! Bitte, Jan und Paulchen!«
Die beiden laufen so flink sie können ins Haus. Sie wohnen im gleichen Hochhaus wie Renate.
Hoffentlich ist ihre Mutter zu Hause!
Renate kauert sich zu ihrer kleinen Schwester und möchte am liebsten selber weinen. Die arme Kerstin tut ihr ja so leid.
»Komm, sei still, sei still!« sagt sie tröstend und streichelt Kerstins Kopf.
Aber Kerstin jammert laut und starrt entsetzt ihren Fuß an.
»Er soll nicht bluten!« schluchzt sie. »Das will ich nicht. Er soll nicht bluten!«
Zum Glück kommt da schon die Mutter von Jan und Paulchen mit schnellen Schritten auf die Sandkiste zu, hinter ihr die beiden kleinen Jungen.
»Was ist denn da Schreckliches passiert?« sagt sie. Sie nimmt die schreiende Kerstin vorsichtig auf den Arm. »Schnell zum Arzt!« sagt sie. »Jan und Paulchen, ihr bleibt hier!«
Als Kerstin erfährt, daß sie zum Arzt soll, schreit sie noch lauter. Aber Renate ist so froh, daß sie jetzt Hilfe bekommen hat!
Sie läuft neben der Mutter von Jan und Paulchen her.
Der Arzt heißt Dr. Möller und wohnt im Hochhaus Nummer vier. Er läßt Kerstin sogleich in sein Sprechzimmer bringen, und sie wird auf ein großes weißes Sofa gelegt. Renate soll im Wartezimmer bleiben, aber das will Kerstin nicht. Sie umklammert ganz fest Renates Hand.
»Nun schrei nur nicht so!« sagt der Doktor freundlich. »Du bist ja schon groß – wohl schon zweieinhalb?«
»Ich bin . . . sch . . . schon längst drei!« schluchzt Kerstin. Sie ist so empört, daß sie zu weinen aufhört.

Und nun wird die Scherbe aus dem Fuß gezogen, und Kerstin bekommt einen dicken weißen Verband. Außerdem bekommt sie von Dr. Möller ein Stück Schokolade, weil sie stillgehalten hat beim Verbinden.
Kerstin steckt die Schokolade flink in den Mund, während ihr noch dicke Tränen übers Gesicht kugeln.
Renate bekommt auch ein Stück Schokolade.
»Für den Schreck!« sagt der Doktor, und Renate bedankt sich. Aber sie muß immerzu denken, was ihre Mutter wohl sagt, wenn sie Kerstins Fuß sieht, und wie sie erschrecken wird. Trotzdem ist sie froh und getröstet, daß die Mutter von Paulchen und Jan bei ihr ist und Kerstin jetzt nach Hause trägt.
Vor dem Spielplatz warten schon Jan und Paulchen.
»Wir haben die Scherben in den Mülleimer gebracht!« sagt Jan.
Und Paulchen erklärt: »Alles in unsere Eimer geschaufelt und weggebracht, Mama!«
»Ja, das ist gut!« sagt die Mutter. »Ihr seid tüchtig.«
Kerstin weint nicht mehr. Sie ist stolz auf den dicken Verband.
»Ich hab stillgehalten«, sagt sie, »und da hab ich Schokolade dafür gekriegt, ätsch!«

Stefan geht zur Post

Stefan ist ein kleiner Langschläfer. Meistens liegt er noch im Bett, wenn sein Vater früh zur Arbeit geht.
Jeden Morgen kommt die Mutter zu Stefan ins Kinderzimmer und sagt: »Guten Morgen, Stefan! Ich hab Frühstück für dich gemacht – nun steh nur auf!«
Dabei sieht sie so vergnügt aus, daß Stefan ganz munter wird und aus dem Bett klettert.
Aber heute morgen sieht die Mutter gar nicht froh aus.
Sie sagt: »Kannst du dich wohl einmal ganz allein anziehen, Stefan? Ich fühle mich nicht gut.«
»Ja, das kann ich«, sagt Stefan. »Bist du krank, Mama?«
»Ich glaube, ja«, sagt die Mutter. »Mein Kopf tut so weh. Ich habe mich wohl erkältet.«
»Weißt du was?« sagt Stefan. »Dann leg dich ins Bett und ich mach Frühstück für uns.«
»Das ist nett von dir, Stefan«, sagt die Mutter. »Aber ich mag jetzt gar nichts essen. Und dein Frühstück hat Papa schon gemacht, bevor er wegging.«
»Schade!« sagt Stefan. Er wollte seiner Mutter so gern helfen. Er hat ihr schon manchmal geholfen. Er durfte Kakao anrühren oder sich selbst ein Stück Brot mit Butter bestreichen. Beim Abtrocknen hilft er auch ab und zu und beim Staubsaugen. Jetzt zieht er sich an und guckt dabei aus dem Fenster. Es regnet. Da kann er nicht mit seinem Freund Jens im Garten spielen. Als Stefan ins Wohnzimmer kommt, sieht er, daß die Mutter sich aufs Sofa gelegt hat. Sie hat die Wolldecke bis ans Kinn

gezogen. Stefan nimmt ein Kissen vom Sessel und legt es noch oben auf die Wolldecke drauf, damit die Mutter nicht friert.
»Ja, nun wird mir tüchtig warm!« sagt sie. »Danke, Stefan.«
»Soll ich heute kochen?« fragt Stefan. »Ich mache Bratkartoffeln.«
Bratkartoffeln, denkt er – das ist doch leicht. Nur Kartoffelscheiben in die Pfanne legen und tüchtig umrühren. Das kann er bestimmt!
Die Mutter sagt: »Wir haben noch von gestern Suppe, Stefan. Aber wenn du mir gern helfen willst . . .«
»Ja, das will ich!« ruft Stefan. Er stellt seinen Becher mit Milch hin und sieht seine Mutter gespannt an.
». . . dann kannst du ein Brot für mich einkaufen«, sagt sie. »Ein großes Bauernbrot.«
Stefan freut sich. Endlich darf er einmal allein in das große Geschäft gehen, wo es all die vielen Lebensmittel gibt: Eier und Milch und Brot und Wurst und Käse und Bonbons.
Er steht gleich auf und will seine Jacke anziehen. Aber die Mutter sagt: »Iß nur erst auf! Soviel Zeit haben wir noch.«
Als Stefan mit seinem Frühstück fertig ist, holt er die Einkaufstasche, die in der Speisekammer hängt. Die Mutter legt ihr Portemonnaie mit dem Geld hinein.
»Du wirst es doch nicht verlieren, nein?« fragt sie.
»Aber Mama!« sagt Stefan empört. »Ich werde doch schon fünf!«
»Das ist wahr!« sagt die Mutter. »Weißt du denn auch noch, wo das Postamt ist?«
»Ja, das weiß ich!« ruft Stefan. »Um die Ecke und dann die ganze Straße lang und dann nochmal um die Ecke.«
»Richtig!« sagt die Mutter. »Kannst du mir wohl diesen Brief zur Post bringen, Stefan? Sonst kommt er nicht mehr rechtzeitig zu Onkel Peters Geburtstag. Ich hab ganz vergessen, ihn Papa mitzugeben.«

»O ja«, sagt Stefan. »Soll ich erst das Brot kaufen – oder soll ich erst den Brief zur Post bringen, Mama?«
»Geh erst zur Post«, sagt die Mutter. »Sonst schleppst du ja unnötig das schwere Brot mit. Aber Stefan, du mußt noch eine Briefmarke kaufen. Am Postschalter – weißt du?«
»Ach so«, sagt Stefan. Es kommt ihm ein bißchen schwierig vor, daß er allein an den Schalter gehen soll.
Aber die Mutter erklärt ihm alles genau: er muß in das Postamt hineingehen. Da sind eine Menge Schalter. Und gleich am ersten bekommt er Briefmarken.
»Kauf eine Fünfzig-Pfennig-Marke!« sagt die Mutter. »Die klebst du dann auf diesen Brief und steckst ihn in den gelben Briefkasten.«
»Ja, der steht vor dem Postamt, nicht, Mama?« sagt Stefan. Er zieht sein Regencape an und sagt seiner Mutter »Auf Wiedersehen«.
»Schön, daß ich solchen großen Stefan hab«, sagt sie und legt sich gemütlich zurück. »Nun trödel unterwegs nicht so lange herum – hörst du?«
»Nein!« verspricht Stefan. »Soll ich Schlüssel mitnehmen, Mama? Dann brauchst du gar nicht aufzustehen, wenn ich wiederkomme. Ich kann doch schon allein die Tür aufschließen.«
Aber das will die Mutter nicht.
»Wenn du kommst, klingle ruhig«, sagt sie. »Ich laß dich dann herein.«
Stefan macht sich auf den Weg. Der Brief ist in der Einkaufstasche, da wird er nicht naß, denn es regnet noch ein bißchen. An der Ecke ist ein Spielzeugladen. Da bleibt Stefan erstmal stehen und sieht sich alles an: die Teddys und den grauen Elefanten und die kleinen Autos. Am schönsten ist die Spielzeugeisenbahn, die immerzu im Kreis herumfährt.
Jetzt geht Stefan weiter.
Ach, was für ein niedlicher Pudel läuft dort neben einem Mann

her! So einen kleinen Hund möchte Stefan am liebsten selber haben. Er sieht dem Pudel nach, bis er um die Ecke verschwunden ist.
Da hinten ist endlich das Postamt!
Stefan geht hinein. Am ersten Schalter stehen schon ein paar Menschen. Natürlich weiß Stefan, daß er sich nicht vordrängen darf. Er stellt sich hinter den letzten Mann vor dem Schalter. Und nun bekommt er einen furchtbaren Schreck. Was für eine Briefmarke soll er denn bloß kaufen? Was hat seine Mutter doch noch gesagt?
Stefan denkt so tüchtig nach, wie er nur kann. Hat die Mutter gesagt: »eine Vierzig-Pfennig-Marke«? oder »eine Zwanzig-Pfennig-Marke«?
Nein, er weiß es einfach nicht mehr. Was soll er jetzt tun? Den ganzen Weg zurückgehen?
Die Mutter muß extra aufstehen und ihn zur Tür hereinlassen...
Und dann muß Stefan sagen: »Ich hab vergessen, was für eine Briefmarke ich kaufen sollte.«
Ist das nicht zu dumm? Wo er schon fünf wird?

Was soll Stefan tun? Was würdest du tun?

1. Das Problem der Geschichte:

Ein kleiner Junge geht zur Post und vergißt, welche Briefmarke er kaufen sollte.

2. Problemkreise, die man anhand dieser Geschichte mit den Kindern besprechen kann:

- Die Freude, für jemand etwas zu tun.
- Das Schwanken zwischen der Angst, sich vor Fremden zu blamieren – und dem Unbehagen, erfolglos nach Hause zurückzukehren.
- Besprechen, an wen sich Stefan wenden könnte (hier: Postbeamter).

Schluß der Geschichte:

Stefan ärgert sich sehr über sich selbst. Er nimmt den Brief aus der Einkaufstasche und sieht ihn sich von allen Seiten an. Aber darum fällt ihm doch nicht ein, was für eine Marke er kaufen soll.
Und die Menschen vor ihm sind jetzt fertig, gleich ist Stefan an der Reihe.
Ob ich den Mann am Schalter fragen kann –? denkt er. Ja, ich tu es einfach. Hoffentlich lacht er mich nicht aus . . .
»Na, Kleiner?« sagt der Postbeamte, der am Schalter sitzt. Stefan reicht ihm seinen Brief hin.
»Ich soll eine Briefmarke kaufen«, sagt er. Und er will erklären, daß er leider vergessen hat, was für eine Marke es sein soll. Aber denkt euch: das braucht er gar nicht zu sagen. Der Postbeamte nimmt den Brief und sagt sofort: »Der kostet fünfzig Pfennig.«
Und er klebt selber die Marke auf den Brief.
Oh, wie ist Stefan froh, daß er hier geblieben ist! Er gibt dem Beamten das Portemonnaie, und der nimmt sich ein Fünfzigpfennigstück heraus. Außerdem gibt er Stefan seinen Brief zurück.
Ganz stolz geht Stefan zu dem großen gelben Briefkasten, der draußen vor dem Postamt steht. Es macht Spaß, den Brief durch die Klappe zu stecken.
Vergnügt geht Stefan durch den Regen zurück. Nun braucht er nur noch das Brot einzukaufen.
Er denkt: wie Mama sich wohl freut, daß der Brief noch rechtzeitig zu Onkel Peter kommt!

Zirkusspiel

Thomas und Hannelore sind im Garten. Rudi aus dem Nachbarhaus ist auch dabei.
Hinter den großen Büschen ist ein Grasplatz, da haben Thomas und Hannelore ihre Schaukel und ein Reck. Das ist eine Turnstange. Dort dürfen sie mit ihren Freunden spielen, was sie wollen. Es ist ihr »Schaukelplatz«.
Die drei Kinder überlegen, was sie spielen können. Und nun fällt Thomas etwas Wunderbares ein: sie könnten Zirkus spielen. »Wißt ihr was?« sagt er. »Wir machen eine richtige Vorstellung. Und wir laden alle Kinder ein, die hier wohnen.«
Hannelore hopst vor Freude auf und ab.
»O ja! O ja!« ruft sie.
Vor ein paar Tagen waren Thomas und Hannelore nämlich mit Onkel Hans im Zirkus. Und nun können sie beinahe an nichts anderes mehr denken.
Der Clown war so lustig und hat Purzelbäume geschossen. Ein kleiner Junge ist auf einem Pferd geritten. Er hat sich beim Reiten auf den Rücken des Pferdes gestellt und sich kein bißchen festgehalten. Beide Arme hat er in die Luft gestreckt, das Pferd ist ganz schnell mit ihm im Kreis gelaufen, und alle Menschen im Zirkus haben geklatscht.
Thomas und Hannelore haben auch tüchtig geklatscht. So viele interessante Dinge haben sie gesehen: Elefanten, die zusammen tanzten, einen Löwen, der durch den Reifen sprang – und zuletzt das kleine Mädchen auf dem Seil.
Das fand Hannelore am schönsten.

»Wir müssen lauter Kunststücke machen«, sagt sie. »Du bist der Clown, Thomas!«
»Ja«, sagt Thomas, »und du bist die Seiltänzerin.«
»Aber das kann ich ja nicht«, sagt Hannelore traurig.
»Doch, das kannst du«, sagt Thomas. »Du nimmst Mamas Schirm und gehst über einen Balken. Das sieht gefährlich aus, aber es ist ganz leicht.«
Rudi will auch mit Zirkus spielen.
»Ich kann ein Kunststück am Reck!« sagt er.
»Was für eins denn?« fragt Hannelore.
Rudi ist schon acht Jahre. Thomas und Hannelore sind erst sechs und sieben. Sie tun meistens, was Rudi sagt.
Jetzt zieht er sich am Reck hoch, und plötzlich baumelt er mit dem Kopf nach unten und hält sich nur mit den Beinen am Reck fest.
»Toll!« sagt Thomas. Hannelore klatscht in die Hände.
»Das ist Schweinchen auf der Leiter!« sagt Rudi und springt ab.
Die drei Kinder bauen jetzt alles auf, was sie für ihr Zirkusspiel brauchen. Thomas holt sein altes Schaukelpferd aus dem Keller und schleppt es zum Grasplatz. Er übt lange, bis er es geschafft hat. Endlich kann er auf dem Pferd stehen, während es langsam hin- und herschaukelt. Aber wenn er seine Arme in die Luft streckt, wie der kleine Junge im Zirkus, dann kippt er um.
»Gut, dann strecke ich eben nicht meine Arme in die Luft!« sagt er. Hannelore holt sich Mamas Regenschirm.
»Halt!« ruft die Mutter, die gerade mit einem Kaffeetablett aus der Küche kommt. »Wo willst du denn mit meinem Schirm hin, Hannelore?«
»Den brauche ich ganz furchtbar nötig, Mama!« erklärt Hannelore. Sie erzählt von der Vorstellung, die sie geben wollen.
»Ja, dann mußt du den Schirm wohl nehmen«, sagt die Mutter.
»Wann soll denn euer Zirkus sein?«

»Morgen nachmittag!« sagt Hannelore.
Sie hat keine Zeit mehr, sich mit Mama zu unterhalten. Sie läuft in den Garten. Da haben Rudi und Thomas schon einen Balken auf zwei Hocker gelegt.
Und nun spannt Hannelore den Schirm auf und geht so vorsichtig über den Balken, als sei es ein ganz dünnes Seil.
Es macht Spaß, Zirkus zu spielen!
Auf einmal sagt Rudi: »Jeder, der zugucken will, muß zehn Pfennig bezahlen.«
Hannelore und Thomas sehen ihn verwundert an.
»Findest du?« sagt Thomas nachdenklich.
»Ja, sonst ist es gar kein richtiger Zirkus!« sagt Rudi.
Am nächsten Morgen erfahren alle Kinder, die in der Nähe wohnen: um vier ist große Zirkusvorstellung bei Thomas und Hannelore im Garten. Eintritt zehn Pfennig.
Nachmittags stehen die drei Kinder an der Gartentür und warten. Rudi hat eine alte Mütze in der Hand.
Da kommen schon die ersten Gäste!
Jedes Kind, das kommt, legt zehn Pfennig in die Mütze und wird von Thomas und Hannelore zum Schaukelplatz gebracht.
Die Kinder kichern und lachen über Thomas. Er hat einen alten Pyjama von Vater an. Den hat er seiner Mutter abgebettelt. Der Pyjama schlottert ihm um Arme und Beine, wie bei einem richtigen Clown. Thomas hat sich auch dicke schwarze Augenbrauen gemalt und einen roten Mund, der reicht beinahe von einem Ohr zum andern. Seine Nase hat er mit Mehl weiß gemacht. Und auf dem Kopf hat er einen ganz kleinen spitzen roten Hut, den hat seine Mutter ihm aus Papier gefaltet.
Denn gleich in der ersten Nummer soll Thomas der Clown sein und Späße machen.
Die Kinder, die zum Zirkus gekommen sind, sitzen schon im Gras und warten gespannt, daß die Vorstellung anfängt.

Aber Rudi steht noch mit Thomas und Hannelore an der Gartentür. Er zählt das Geld.
»Jeder von uns kriegt vier Groschen!« sagt er zufrieden. Er kann gut rechnen.
»Laß doch jetzt!« sagt Thomas ungeduldig. Da legt Rudi das Geld in sein kleines Portemonnaie und steckt es in die Hosentasche.
Die Mütze hängt er an den Zaun.
»Halt! Da kommt noch jemand!« sagt Thomas.
Richtig, die vierjährige Marion kommt angelaufen. Sie hat Angst, zu spät zu kommen.
»Gibt es hier Zirkus?« fragt sie und ist ganz atemlos.
»Ja!« sagen Thomas und Hannelore.
Rudi nimmt seine Mütze vom Zaun und hält sie Marion hin.
»Eintritt zehn Pfennig!« sagt er.
Marion sieht ihn erschrocken an.
»Z... zehn Pfennig?« stottert sie.
»Ja!« sagt Rudi. »Das haben alle bezahlt.«
Marion läßt traurig ihren Kopf hängen. Sie sagt kein Wort. Langsam dreht sie sich um und geht fort.
»Nun los!« sagt Rudi zu Thomas und Hannelore. »Laß uns anfangen! Die warten ja schon alle auf uns.«

Ja, wirklich, die Zuschauer auf dem Schaukelplatz werden ungeduldig. Sie rufen: »Anfangen! Anfangen! Wo ist der Clown?«
»Laß Marion doch auch zugucken!« sagt Thomas zu Rudi. Aber der nimmt ihn fest an die Hand und zieht ihn mit sich zum Schaukelplatz.

Und nun denkt Thomas nur noch daran, daß er Clown sein muß.
Hannelore bleibt an der Gartentür stehen. Sie sieht Marion da drüben am Zaun. Marion hat ihre Hand vor die Augen gelegt und weint. Sie darf als einzige nicht dabeisein, wenn

Zirkus ist. Da wird Hannelore so traurig, daß sie sich überhaupt nicht mehr auf die Vorstellung freuen kann.
Sie hört Rudi und Thomas rufen: »Hannelore, komm doch! Wir fangen an!«
Aber sie kann doch Marion nicht einfach dort stehen lassen? Warum hat Rudi sie weggeschickt?

Was soll Hannelore tun? Was würdest du tun?

1. Das Problem der Geschichte:

Zu einer von Kindern veranstalteten Zirkusvostellung wird ein kleines Mädchen nicht zugelassen, da es kein Geld für den Eintritt hat.

2. Problemkreise, die man anhand dieser Geschichte mit den Kindern besprechen kann:

○ Als Wichtigstes: die Anregung, mit dem Kind zu fühlen, das als einziges von einer fröhlichen Veranstaltung ausgeschlossen wird.
○ Frage, ob es richtig sei, überhaupt Geld von anderen Kindern zu nehmen für etwas, das nichts gekostet hat als etwas Spaß und Mühe.
○ Beraten, was man tun könnte, um einem Kind zu helfen, das zurückgewiesen wird.

Schluß der Geschichte:

Hannelore kümmert sich nicht darum, daß Rudi und Thomas sie rufen. Sie können ja ruhig schon mit ihrer Vorstellung anfangen. Hannelore läuft zu Marion.
»Du, Marion«, sagt sie. »Komm doch mit! Du sollst auch zugucken!«

Marion reibt sich ihre Tränen fort.
»Aber ich hab ja kein Geld«, sagt sie.
Hannelore faßt Marion bei der Hand.
»Du, ich hab fünfzig Pfennig«, sagt sie. »Die hat mein Onkel mir geschenkt. Ich hol sie ganz schnell. Warte hier!«
Marions Augen fangen an zu strahlen. Hannelore rennt flink ins Haus und holt aus ihrem Zimmer das Geld.
Und dann geht sie mit Marion zum Schaukelplatz. Marion hält das Fünfzigpfennigstück fest in ihrer kleinen Faust. Rudi soll nur kommen! Jetzt kann sie auch Eintritt bezahlen. Sie ist so glücklich. Aber am glücklichsten ist Hannelore.

Die Überschwemmung

Die Mutter kommt zu Cornelia und Ulrich ins Kinderzimmer. Sie spielen gerade »Mensch ärgere dich nicht«.
»Hört mal, Ulrich und Cornelia!« sagt die Mutter. »Ich fahre jetzt in die Stadt und hole Vati ab. Wir wollen noch zusammen etwas einkaufen. Ich kann euch doch eine oder zwei Stunden allein lassen?«
»Natürlich, Mutti!« sagt Ulrich. »Grüß Vati von mir.«
»Von mir auch!« sagt Cornelia.
»Das werde ich ihm bestellen«, sagt die Mutter. »Geht aber ja nicht an den Gasherd, hört ihr? Ich habe euch Kakao hingestellt und Haferflockenplätzchen. Verhungern werdet ihr also nicht.«
»Ah, Haferflockenplätzchen!«
»Hmmm – Kakao!« rufen Ulrich und Cornelia.
»Danke, Mutti!«
Gerade will die Mutter aus dem Haus gehen, da kommt Monika. Sie ist Cornelias Freundin. Monika hat ihre Puppe mitgebracht.
»Wollen wir Mutter und Kind spielen?« fragt sie.
Cornelia nickt. Und Ulrich ist auch einverstanden.
»Dann kann ich ja der Vater sein«, sagt er.
Die Mutter geht fort, und die Kinder machen auf dem Sofa eine Wohnung für die Puppen.
Cornelia ist das Kindermädchen, und Monika darf die Mutter sein. Die vier Puppen, die den Mädchen gehören, haben es gut!

Zuerst werden sie von ihrer Mutter und dem Kinderfräulein umgezogen. Sie bekommen ihre schönsten Kleider an, denn Vater Ulrich hat Geburtstag, sagt Monika.
»Deckst du jetzt mal den Tisch!« sagt Monika zu dem Kindermädchen Cornelia.
»Nein, so ist es nicht richtig!« sagt Cornelia. »Du mußt sagen: ‚Decken Sie jetzt bitte den Tisch, Fräulein!'«
»Na gut. Decken Sie jetzt bitte den Tisch, Fräulein!« sagt Monika.
»Ja, gnädige Frau!« sagt das Kinderfräulein.
»Ich fahre jetzt die Kinder spazieren, bis mein Mann nach Hause kommt«, sagt Monika.
»Ja, gnädige Frau«, sagt Cornelia.
Sie holt den Kakao aus der Küche, drei Teller und drei Becher. Dann stellt sie die Schüssel mit Haferflockenplätzchen mitten auf den Tisch im Wohnzimmer. Für jeden legt sie noch eine bunte Serviette dazu. Die Puppen bekommen kleine Teller und Puppentassen, denn sie sollen auch mit Geburtstag feiern.
Inzwischen kommt Vater Ulrich nach Hause.
»Ich hab furchtbaren Hunger, liebe Frau«, sagt er zu Monika.
»Gibt es bald etwas zu essen?«
»Nein, du mußt noch etwas warten, lieber Mann«, sagt Monika.
»Wir müssen erst die Kinder baden.«
»Ja, sie haben sich unterwegs so schmutzig gemacht«, sagt Cornelia und geht ins Badezimmer. Sie steckt den Stöpsel in die Badewanne und läßt Wasser einlaufen.
Inzwischen nimmt Mutter Monika die Kinder aus dem Puppenwagen und setzt sie nebeneinander aufs Sofa.
»Gleich werdet ihr gebadet!« sagt sie.
Aber damit ist Vater Ulrich nicht einverstanden. Es riecht schon so gut nach Kakao. Und die Haferflockenplätzchen sehen so knusprig und frisch aus. Man bekommt richtig Appetit, wenn man die Plätzchen sieht!

»Die Kinder können *nach* dem Essen gebadet werden!« sagt Ulrich. »Ich hab solchen Hunger. Den ganzen Tag hab ich gearbeitet.«
»Na schön!« sagt Monika gutherzig. »Dann feiern wir jetzt erstmal Geburtstag.«
»Ich hab auch solchen Hunger bekommen, gnädige Frau!« sagt das Kindermädchen Cornelia. »Ich hab auch soviel gearbeitet.«
»Setzen Sie sich zu uns, Fräulein!« sagt Monika. Und nun schenkt sie Kakao ein, alle sitzen um den runden Tisch herum, essen Haferflockenplätzchen und haben es richtig gemütlich. Monika erzählt, wie ihr kleiner Bruder Peter heute morgen den Milchtopf umgekippt hat. Die Milch ist auf den Fußboden geflossen, und Peterchen ist auch noch mittendurch gestapft mit seinen Hausschuhen.
Die Kinder sind so satt und werden immer lustiger. Sie lachen sich halbtot über Monikas kleinen Bruder.
Ulrich erzählt, wie er neulich nachts aus dem Bett gefallen ist – da hört er plötzlich mitten im Satz auf und starrt auf den Fußboden.
»Was hast du denn?« sagt Monika. Sie guckt auch auf den Fußboden. Und nun springt sie erschrocken auf.
»Da ist ja Wasser! Da kommt ja lauter Wasser unter der Tür durch.«
Ulrich reißt die Tür zum Flur auf und schreit: »Hier schwimmt alles! Der Flur ist auch naß!«
»Ach so, das Badewasser!« sagt Cornelia und hält erschrocken ihre Hand vor den Mund.
»Was für Badewasser?« fragt Ulrich.
»Ich hab doch Wasser für die Puppen einlaufen lassen«, sagt Cornelia, »weil Monika gesagt hat, sie sollten gebadet werden!«
»Bist du verrückt!« schreit Ulrich.
»Du hast Schuld, Ulrich!« verteidigt sich Cornelia. »Du wolltest, daß wir erst Kakao trinken. Da hab ich es vergessen.«

Was sollen die Kinder jetzt nur schnell tun, daß die Überschwemmung nicht immer größer wird?

Was würdest du tun?

1. Das Problem der Geschichte:

Drei Kinder vergessen beim Spielen, daß sie den Wasserhahn im Badezimmer aufgedreht haben.

2. Problemkreise, die man anhand dieser Geschichte mit den Kindern besprechen kann:

○ Unbedingtes Erfordernis, schnell zu handeln, um noch größeren Schaden zu verhindern.
○ Besprechen der unangenehmen Notwendigkeit, in Mitleidenschaft gezogene Nachbarn zu benachrichtigen und Erwachsene zu Hilfe zu holen.
○ Klären, wie derartige Unfälle, die großen Schaden verursachen, verhindert werden können.
○ Die Kinder einschätzen lassen, was ihre Eltern sagen würden.
○ Wer muß den Schaden bezahlen?

Schluß der Geschichte:

Ulrich stapft durch den nassen Flur ins Badezimmer. Er ist der älteste von den drei Kindern, er wird schon acht. Huh, im Badezimmer steht das Wasser so hoch, daß es ihm bis zu den Knöcheln geht! Aber das hilft nichts. Ulrich beugt sich über die Wanne, die immer mehr überläuft, und dreht den Wasserhahn zu. Dann zieht er den Stöpsel aus der Wanne. Dabei wird sein Arm bis zur Schulter naß.
Rauschend und gluckernd fängt das Wasser an abzulaufen.

Oh, was werden die Eltern sagen, denkt Ulrich. Und nun fallen ihm Reineckes ein. Das sind die Nachbarn, die unten wohnen. Was werden sie wohl sagen, wenn ihnen das Wasser plötzlich auf den Kopf tropft?
Jemand muß ihnen schnell Bescheid sagen!
Das ist aber nicht leicht, denn Herr Reinecke ist ein etwas brummiger alter Herr.
»Cornelia, geh schnell zu Reineckes!« ruft Ulrich.
»Warum gerade ich?« sagt Cornelia kläglich.
»Ich bin doch patschnaß!« sagt Ulrich. »Und ich will hier flink das Wasser wegschaufeln.«
Er holt den Putzeimer und schaufelt mit der breiten Kehrschaufel das Wasser hinein.
Monika hat das Wischtuch in der Hand. Immer wieder taucht sie es ins Wasser und wringt es über dem Eimer aus.
Da kommt schon Cornelia mit Frau Reinecke zurück.
»Oh, oh, oh, Kinder, was habt ihr angerichtet!« sagt Frau Reinecke. »Bei uns tropft es schon durch. Wir werden die Decke neu malen lassen müssen.«
Das ist eine schlimme Nachricht!
Zum Glück hilft Frau Reinecke jetzt tüchtig, das Wasser aufzuwischen.
»Sauber ist es nun aber wirklich!« sagt Cornelia.
Trotzdem kann sie sich nicht darüber freuen. Und Ulrich auch nicht.
Was werden wohl die Eltern sagen, wenn sie nach Hause kommen?
»Sowas mach ich nie wieder!« sagt Cornelia. »Nächstes Mal bleibe ich so lange im Badezimmer, bis das Wasser eingelaufen ist.«
»Ja«, sagt Frau Reinecke. »Das ist am besten.«

Einkauf im Supermarkt

Heute hat Daniels Mutter sehr viel zu tun. Sie erwartet Besuch von den Großeltern.
»Kann ich dir helfen, Mama?« fragt Daniel. Er guckt zu, wie seine Mutter die Betten im Gästezimmer bezieht.
»Ich kann doch alles schön mit dem Staubsauger saubermachen«, schlägt Daniel vor. Er mag nämlich gern mit dem brummenden Staubsauger arbeiten.
Aber die Mutter sagt: »Kannst du wohl für mich einkaufen, Daniel? Dazu habe ich keine Zeit mehr. Glaubst du, das kannst du schon allein? Im Supermarkt?«
Daniel nickt.
Er war schon oft mit seiner Mutter im Supermarkt und hat ihr geholfen, Mehl und Kaffee und Milch und alles mögliche andere in den kleinen Einkaufswagen zu stellen. Er hat auch zugeguckt, wie die Mutter an der Kasse bezahlt hat.
»Das kann ich!« sagt er vergnügt. Er ist ja auch schon sieben. So kann er alles lesen, was ihm die Mutter auf den großen Zettel geschrieben hat.
Laut singend geht er die Treppe hinunter. Er hat die Einkaufstasche mitgenommen, darin liegt das Portemonnaie mit dem Geld.
Als er aus der Haustür kommt, steht Egon vor ihm.
»Gut, daß du kommst, Daniel«, sagt Egon. »Ich wollte dich gerade holen. Wir wollen zum Spielplatz und Wettrennen machen mit Hans und Klaus.«
Daniel schüttelt den Kopf.
»Ich hab keine Zeit«, sagt er. »Ich muß einkaufen.«
»Gut, dann komm ich mit«, sagt Egon.

Die beiden Jungen gehen die ganze Straße entlang. Dort hinten ist der Supermarkt.
»Weißt du was?« sagt Egon. »Du kannst mir eigentlich zwanzig Pfennig leihen, dann kauf ich mir Gummibären und geb dir einen ab.«
Daniel ißt Gummibären riesig gern. Aber er schüttelt den Kopf.
»Ich hab doch gar kein Geld, Egon«, sagt er.
»Doch!« sagt Egon, »Da, in deiner Einkaufstasche! Da seh ich doch das Portemonnaie.«
»Ja, aber das gehört meiner Mutter«, sagt Daniel.
»Und wenn ich es dir nächste Woche wiedergebe?« sagt Egon.
Daniel fängt an, sich ungemütlich zu fühlen. Wäre Egon nur nicht mitgekommen! Aber jetzt kann er ihn nicht gut wegschikken. Daniel sagt: »Ich darf kein Geld aus dem Portemonnaie nehmen. Weil es mir nicht gehört.«
»Na, meinetwegen«, sagt Egon und fängt an zu pfeifen.
Jetzt sind sie am Supermarkt angekommen. Sie gehen in das große Haus hinein. Daniel nimmt einen von den vielen kleinen Einkaufswagen und stellt seine Tasche hinein.
Es ist wirklich praktisch: hier in den Wagen kann man alles legen, was man sich aussucht, und zuletzt wird es an der Kasse bezahlt.
Daniel und Egon gehen durch das Drehkreuz. Nun können sie nicht wieder hinausgehen, erst, wenn sie alles bezahlt haben, was sie gekauft haben.
Daniel guckt sich Mamas Zettel an: »Schwarzbrot«, liest er. Und hier ist ja schon die Bäckerabteilung. Daniel nimmt ein Brot vom Tisch und legt es in den Wagen. Nun kommt »Ein Pfund Zucker«, dann »Sahnequark«, und so geht es weiter.
Daniel ist stolz und froh, daß er alles findet, was er für seine Mutter besorgen soll. Drei Dosen mit Milch sind das letzte. Dann ist er fertig.
Aber Egon hält ihn am Arm fest und flüstert ihm etwas zu.
»Was sagst du . . .? Ich versteh dich nicht«, sagt Daniel.

»Sieh mal, da!« sagt Egon halblaut und zeigt auf das Regal, wo lauter Bonbons in kleinen durchsichtigen Tüten liegen. Auch Schokoladentäfelchen sind dabei – und die bunten kleinen Gummibären.
Egon sieht sich vorsichtig um. Kein Mensch ist in der Nähe.
»Du, Daniel«, sagt er. »Nimm doch 'ne Tüte mit Gummibären! Das merkt doch niemand.«
Entsetzt sieht Daniel ihn an.
»Die muß ich doch bezahlen, wenn ich sie nehme!« stottert er.
»Ach wo«, flüstert Egon. »Steck sie einfach in deine Hosentasche, das merkt keiner.«
Daniel kann vor Schreck nichts sagen.
»Ich paß inzwischen auf«, flüstert Egon, »ob jemand kommt. Los! Schnell!«
Daniel steht ganz still und sieht die Tüte mit den Gummibären an. Vielleicht merkt es wirklich niemand, wenn er sie in seine Hosentasche steckt...?
»Mach doch, Daniel!« flüstert Egon. Er steht etwas entfernt und winkt Daniel heftig zu.
Aber Daniel muß erstmal nachdenken. Wenn er die Gummibären heimlich einsteckt, dann hat er sie doch gestohlen...
Egon kommt zu ihm und sieht ganz böse aus.
»Warum nimmst du sie denn nicht?«
»Aber dann bin ich doch ein Dieb«, sagt Daniel.
»Och, die paar kleinen Gummibären!« sagt Egon. »Darum bist du noch lange kein Dieb.«
Daniel streckt zögernd seine Hand aus – dann läßt er sie wieder sinken.
Findest du, daß Egon recht hat? Soll Daniel ruhig die Tüte mit den Gummibären einstecken? Egon ist schon acht, er sagt, man darf das ruhig, wenn es keiner sieht.

Was soll Daniel tun? Was würdest du tun?

1. Das Problem der Geschichte:

Ein Junge wird von seinem Freund überredet, im Supermarkt etwas zu entwenden.

2. Problemkreise, die man anhand dieser Geschichte mit den Kindern besprechen kann:

- Frage aufwerfen, ob jemand ein Freund ist, der zu Unehrlichkeit und Diebstahl überredet.
- Gemeinsam überlegen, wie verlockend die vielen bunten Angebote im Supermarkt und im Warenhaus sind.
- Notwendigkeit des »Hausdetektivs«!
- Besprechen, daß auch das Entwenden einer geringfügigen »Kleinigkeit« ein Diebstahl ist.
- Folgen derartiger Handlungsweisen – selbst, wenn sie von niemand bemerkt werden.

Schluß der Geschichte:

»Du bist feige!« sagt Egon.
Nun wird Daniel zornig. »Das bin ich gar nicht!« sagt er. »Denkst du, ich will ein Dieb sein? Außerdem muß ich jetzt nach Hause – meine Großeltern kommen.«
Ärgerlich schiebt er seinen kleinen Wagen zur Kasse.
Kurz danach kommt Egon hinterher.
»Gehört ihr zusammen?« fragt die Frau an der Kasse und sieht Egon scharf an.
»Ja«, sagt Daniel. »Das ist mein Freund Egon.«
Plötzlich kommt ein junger Mann auf die Jungen zu und faßt Egon beim Arm.

»Zeig mal her, Freundchen«, sagt er, »was du da eben in deine Hosentasche gesteckt hast!«
»N... nichts«, stammelt Egon und wird ganz blaß.
»Ich hab es doch gesehen, daß du etwas eingesteckt hast. Los, laß mich sehen!« Der Mann greift selbst in Egons Hosentasche. Was holt er heraus? Eine Tüte mit Gummibären.
Mit aufgerissenen Augen steht Daniel daneben.
Er erschrickt furchtbar, als der junge Mann zu ihm sagt: »Und du? Laß mal sehen, was du in deinen Hosentaschen hast!« Daniel ist so erschrocken, daß er nur den Kopf schütteln kann.
Inzwischen zieht der Mann alles aus Daniels Hosentasche: ein altes kleines Auto, ein Gummiband und eine Muschel. Die hat Daniel neulich am Strand gefunden. Sonst nichts....
»Entschuldige bitte!« sagt der junge Mann und sieht Daniel ganz freundlich an. »Aber weil dein Freund gestohlen hat, dachte ich schon, du hättest es auch getan. Sei mir nicht böse! Und du laß dich hier nicht mehr blicken, Freundchen!« sagt er streng zu Egon.
Der macht, daß er so schnell wie möglich aus dem Superladen herauskommt.
Die Frau an der Kasse packt alles, was Daniel eingekauft hat, in eine große Tüte und gibt sie ihm.
»Das ist kein richtiger Freund für dich, mein Junge!« sagt sie. Daniel kann gar nichts sagen, er ist noch immer erschrocken. Und je näher er nach Hause kommt, desto froher ist er: was für ein Glück, daß er nicht auf Egon gehört hat! Wie gut, daß er die Tüte mit den Gummibären nicht genommen hat!
Ganz glücklich kommt er zu Hause an.
Gerade sind die Großeltern eingetroffen.
»Da ist ja mein Goldjunge!« sagt die Großmutter und umarmt Daniel.
Und der Großvater gibt ihm eine Schachtel mit Schokoladenzigarren.

»Jetzt gibt es Kaffee und Kuchen!« ruft Daniels Mutter. Vergnügt setzt er sich mit an den großen Tisch.
»Hier, Daniel, nimm dir Kuchen!« sagt die Mutter freundlich.
»Nein, erst rauche ich eine Zigarre!« sagt Daniel.

Keiner will mit Stawro spielen

Dort hinten, ein paar Straßen weiter, Böttjerweg Nr. 12, wohnt die junge Frau Sophia aus Griechenland mit ihrem fünfjährigen Stawro. Ihr Mann arbeitet den ganzen Tag in der Fabrik, und Sophia geht als Putzfrau in verschiedene Familien. Stawro darf sie nicht mitbringen, wenn sie die Wohnungen saubermacht. Deshalb hat sie ihn im Kindergarten angemeldet.
Jeden Morgen, bevor sie zur Arbeit geht, wäscht sie Stawro und zieht ihn an und bürstet seine schönen schwarzen Locken. Sie gibt ihm auch eine kleine Tasche mit Butterbroten mit, denn sie selbst kommt erst mittags nach Hause. Bis dahin muß Stawro sehen, wie er zurechtkommt.
»Nun geh in den Kindergarten!« sagt Mutter Sophia und schiebt Stawro zur Tür hinaus. »Und mach dich heute nicht so schmutzig, hörst du?«
Stawro winkt seiner Mutter, und sie winkt zurück.
Dann geht er langsam die Straße entlang. Er hat gar keine Lust, zum Kindergarten zu gehen – die Kinder sehen ihn alle so feindselig an und spielen nicht mit ihm . . .
Lieber bummelt er ein bißchen durch den Park. Da ist ein Teich, und Stawro kann die kleinen Enten ansehen. Sie schwimmen so brav hinter ihrer Entenmutter her. Nun kommen sie ans Ufer, als sie Stawro sehen.
»Ja, kleine Entchen!« sagt Stawro und macht seine Brottasche auf. Er bricht das Brot, das seine Mutter ihm eingepackt hat, in kleine Brocken und wirft es den Entchen hin. Hei, wie sie danach tauchen und schnappen!

Stawro lacht vor Freude. Er setzt sich an das schlammige Ufer und merkt gar nicht, wie schmutzig seine Hose wird. Er spielt ein bißchen mit den Händen im feuchten Sand. Dann schwimmen die Entchen weg, und Stawro fällt ein, daß er in den Kindergarten muß.
Die Kinder haben gerade Frühstückspause, als Stawro ins Spielzimmer kommt.
»Na, Stawro?« sagt Frau Petersen, die den Kindergarten leitet. »Du kommst ja wieder so spät. Hast du verschlafen?«
Stawro lacht und zeigt seine schönen weißen Zähne. »Ich Park«, sagt er. »Bei die Enten.«
Frau Petersen kann ihm nicht böse sein. »Setz dich zu Jürgen«, sagt sie, »und pack dein Butterbrot aus.«
Jürgen rückt weg, als Stawro sich zu ihm setzen will. Und Ingrid, die auf der anderen Seite von Stawro sitzt, rückt auch weg.
»Was ist denn los?« sagt Frau Petersen. »Warum rückt ihr weg von Stawro?«
»Er ist so schmutzig!« ruft Ingrid und zieht ihre Nase kraus.
»Und deutsch kann er auch nicht richtig – mit dem spiel ich nicht!« sagt Jürgen.
Gerade will Frau Petersen etwas sagen, da klingelt nebenan das Telefon. Schnell geht sie hinaus. Vorher sagt sie aber noch zu Stawro: »Wasch dir flink deine Hände, ja? Die sind wohl unterwegs etwas schmutzig geworden.«
Stawro und Frau Petersen gehen hinaus.
»Komm«, sagt Jürgen zu Ingrid. »Wir schieben unsere Stühle ganz dicht zusammen. Dann kann Stawro sich nicht dazwischen setzen.«
»O ja!« sagt Ingrid.
»Das machen wir alle!« ruft Udo. »Wir stellen alle Stühle so dicht im Kreis, daß Stawro nicht mehr dazwischen paßt.«
Mit Gekicher und Geschurre werden die Stühle zusammengeschoben. Nur der Stuhl für Frau Petersen bleibt frei.

»Stawros Stuhl schieben wir in die Ecke!« ruft Udo. Und er nimmt Stawros Stuhl, um ihn fortzustellen.
Da steht Michael auf einmal vor ihm.
»Du, das ist gemein! Das tust du nicht!« sagt er.
Verwundert sehen alle Michael an.
»Warum denn nicht?« ruft Jürgen. »Mit Stawro wollen wir nicht spielen.«
»Der ist Grieche!« sagt Wilma verächtlich. »Und die Griechen haben alle Läuse, sagt meine Mutter.«
Michael nimmt Udo den Stuhl weg und stellt ihn neben seinen eigenen.
»Stawro kann neben mir sitzen«, sagt er. »Sonst ist er noch traurig.«
»Ach, der versteht das ja gar nicht«, sagt Udo. »Der kann ja gar kein Deutsch, nur so'n ganz paar Worte!«
Aber Michael weiß genau: Stawro merkt es doch, wenn sie häßlich zu ihm sind – auch wenn er nicht viel Deutsch kann. Und Michael will nicht, daß Stawro traurig ist.
»Wenn du mit Stawro spielst«, sagt Jürgen, »dann will ich nichts mehr mit dir zu tun haben, Michael.«
Michael erschrickt. Sie haben immer so schön zusammen »Räuber« gespielt – mit Jürgen macht das Spaß. Und nun will Jürgen nicht mehr mit ihm spielen, weil er sich neben Stawro setzt...?
Michael weiß nicht, was er tun soll. Er will Stawro gern helfen. Aber mit Jürgen möchte er auch gern spielen.

Was soll er jetzt tun? Was würdest du tun?

1. Das Problem der Geschichte:

Ein kleiner Ausländer wird von den Kindern im Kindergarten abgelehnt.

2. Problemkreise, die man anhand dieser Geschichte mit den Kindern besprechen kann:

- Hinweis auf die Schwierigkeit für ein Kind, in ein fremdes Land, unter fremde Menschen und Kinder zu kommen.
- Problem der Verständigung!
- Abbau von Vorurteilen (»Schmutziger Ausländer«, »Alle Griechen haben Läuse« usw.).
- Anregen, sich in die Situation des fremden Kindes zu versetzen.
- Die Kinder erzählen lassen, wer schon einmal im Ausland war und wie es ihm dort ergangen ist.
- Die Kinder fragen, ob man Feindseligkeit oder Freundlichkeit auch ohne Worte fühlt.
- Beraten, wie man einem Kind, das schlecht Deutsch spricht, helfen kann.

Schluß der Geschichte:

Als Stawro wieder ins Zimmer kommt, sieht er ängstlich von einem zum andern. Er hat schon gemerkt, daß Jürgen und Ingrid nicht neben ihm sitzen wollen. Ach, wäre er doch bei seiner Mutter und bei seinem Vater! Er mag nicht mehr im Kindergarten sein. Er hat Tränen in seinen schwarzen Augen. Da winkt Michael ihm zu: »Komm, hier, Stawro! Neben mir sollst du sitzen!«
Er zeigt auf den Stuhl neben seinem. Langsam und verwundert geht Stawro zu ihm und setzt sich hin.
Die anderen Kinder murren und schimpfen leise, aber da kommt gerade Frau Petersen herein. Sie sieht gleich, daß Stawro neben Michael sitzt und lacht die beiden freundlich an.
»Dies meine Freund!« ruft Stawro strahlend und zeigt auf Michael.
Jetzt ist Michael so froh, daß er nicht auf die anderen Kinder gehört hat.

»Willst du nicht essen?« fragt er Stawro. Der klopft lachend auf seine leere Brottasche.
»Ich kleine Ente geben«, sagt er.
Da nimmt Michael sein eigenes Brot und bricht es mittendurch. Eine Hälfte gibt er Stawro. Sie ist mit Wurst belegt.
»Ja, Michael, das ist nett!« sagt Frau Petersen. »Halte du nur zu Stawro.«
Michael nickt. Stawro greift in seine Hosentasche. Darin steckt ein ganz kleines rotes Auto, das hat sein Vater ihm neulich mitgebracht. Stawro drückt es Michael in die Hand.
»Dies deine Auto!« sagt er. »Du meine Freund.«
»Nein«, sagt Michael überwältigt. »Das mußt du doch selbst behalten, Stawro.«
Aber Stawro schüttelt lachend den Kopf.
Michael denkt: »Wie nett Stawro ist!« Er nimmt sich vor: morgen will er Stawro auch überraschen. Er will ihm seinen kleinen gelben Kranwagen mitbringen.
Ob Stawros Augen dann wieder so leuchten werden?
Michael freut sich schon darauf!

Rosemarie und die Suppe

»Rosemarie, ich gehe nur eben zum Bäcker, Brot holen!« sagt Frau Lehmann zu ihrer sechsjährigen Tochter. »Heute nachmittag hat die Bäckerei geschlossen.«
»Darf ich mitkommen, Mama?« fragt Rosemarie.
»Nein, es gießt in Strömen«, sagt die Mutter und nimmt ihren Schirm aus dem Ständer. »Bleib lieber zu Hause, ich bin ja in fünf Minuten wieder da.«
»Mama, bringst du auch Heißwecken mit?« fragt Rosemarie. »Die mag Papa doch so gern.«
»Und du auch, nicht wahr?« sagt die Mutter und lacht. »Na, ich will mal sehen . . .!«
Frau Lehmann geht fort, und Rosemarie spielt inzwischen mit ihrem Teddy. Er heißt Petz.
Sie macht ihm ein gemütliches Bett auf dem Sofa zurecht. Petz wird auf ein weiches Kissen gelegt und mit der bunten Wolldecke zugedeckt. Dann erzählt Rosemarie ihm eine kleine Geschichte und singt ihm ein Lied vor, denn Petz soll es richtig gut haben. Schließlich hat der Teddy genug ausgeruht, findet Rosemarie. Sie zieht ihm seinen Kittel an, den hat die Mutter letzten Sonntag für ihn genäht.
Rosemarie tanzt ein bißchen mit Petz im Zimmer herum, aber dann hat sie keine Lust mehr. Sie setzt sich auf die breite Fensterbank und guckt auf die Straße.
»Wo bleibt eigentlich Mama?« denkt sie. Die Mutter ist schon eine ganze Weile fort – bestimmt viel länger als fünf Minuten. Draußen regnet es noch immer. Rosemarie sieht, wie die Men-

schen ihre Schirme aufgespannt haben und eilig die Straße entlanggehen. Nur ihre Mutter ist nirgends zu sehen.
»So, mein Petz, dann hol ich dir jetzt etwas zu trinken«, sagt Rosemarie und lehnt den Teddy in die Fensterecke. Sie hat nämlich selber Durst bekommen und will sich ein Glas Milch holen. Als Rosemarie in die Küche kommt, erschrickt sie. Alles ist voll Dampf! Und was zischt da eigentlich so laut?
Ui je, jetzt sieht sie es: die Suppe kocht über! Die Fleischbrühe, die es heute mittag geben soll . . . Der Deckel des Topfes tanzt und poltert auf und ab. Die Suppe läuft am Kochtopf herunter und zischt auf der heißen Platte des Elektroherdes.
Und die Mutter ist immer noch nicht da!
Was soll Rosemarie nur tun?
Die Eltern haben ihr so oft gesagt, daß sie nicht an den Herd gehen und die Knöpfe verstellen darf. Sie weiß, das ist gefährlich! Aber sie kann doch die Suppe nicht immer weiter überkochen lassen . . .? Was soll sie tun?

Was würdest du tun?

1. Das Problem der Geschichte:

Ein Kind ist allein zu Hause und merkt, daß die Mutter vergessen hat, den Elektroherd abzustellen.

2. Problemkreise, die man anhand dieser Geschichte mit den Kindern besprechen kann:

○ Besprechen, wie gefährlich es ist, an elektrischen Geräten zu hantieren, mit denen man nicht genau Bescheid weiß.
○ Überlegen, welcher Schaden entstehen kann, wenn niemand zur Hilfe geholt wird.
○ Die Kinder erzählen lassen, wie sie in ähnlicher Situation gehandelt haben.

Schluß der Geschichte:

Rosemarie wagt nicht, den heißen Topf anzufassen. Und am Herd will sie lieber auch nichts machen.
Sie läuft in den Flur und öffnet die Wohnungstür. Sicher kann Frau Schneider ihr helfen, die im gleichen Stockwerk wohnt wie Lehmanns. Vor Aufregung klingelt Rosemarie gleich dreimal hintereinander. Aber was für ein Pech! Niemand macht ihr auf. Frau Schneider scheint fortgegangen zu sein.
Was nun?
Rosemarie hat Angst, daß die Wohnungstür zufallen könnte, und sie hat keinen Schlüssel. Aber sie weiß schon, wie sie es macht: sie holt ihren Teddy und setzt ihn so auf die Türschwelle, daß die Tür nicht zuklappen kann.
Dann springt sie die Treppe hinunter und klingelt bei Frau Krause.
Zum Glück ist die alte Frau zu Hause.
»Können Sie bitte mitkommen?« sagt Rosemarie aufgeregt.
»Unsere Suppe kocht über!«
»Eure Suppe?«
»Ja! Und meine Mutter ist nicht da, und es zischt so furchtbar, und die Suppe läuft auf den Herd.«
»Na, dann wollen wir mal flink nachsehen«, sagt Frau Krause und geht mit Rosemarie nach oben.
Wie froh ist Rosemarie, daß sie nicht mehr allein ist mit dem zischenden und brodelnden Kochtopf!
Schnell nimmt Frau Krause mit zwei Topflappen den klappernden Topf vom Herd. Dann dreht sie den elektrischen Herd ab und macht das Küchenfenster auf. Ah, so frische gute Luft kommt herein!
»Siehst du wohl, jetzt ist gleich alles wieder in Ordnung!« sagt Frau Krause. »Und genug Suppe für heute mittag ist auch noch im Topf.«

Rosemarie atmet ganz erleichtert auf.
Frau Krause will gerade den schmutzigen Herd abwischen – da kommt die Mutter nach Hause.
Erschrocken bleibt sie in der Küchentür stehen.
»Ach, meine Suppe!« ruft sie. »Die hab ich ja ganz und gar vergessen!«
»Du warst auch so lange weg, Mama!« beklagt sich Rosemarie.
»Ja, denk dir: Frau Peters hat sich den Fuß verstaucht – da habe ich sie nach Hause begleitet, und das ging nur ganz langsam«, erklärt die Mutter.
»Ach so«, sagt Rosemarie.
Frau Lehmann bedankt sich herzlich bei Frau Krause für die schnelle Hilfe. Und als sie mit Rosemarie wieder allein ist, sagt sie: »Das war aber wirklich vernünftig, mein Spatz, daß du gleich jemand zu Hilfe geholt hast. Du selbst hättest dich womöglich verbrannt –«
»Ja, und den Herd sollte ich doch auch nicht anfassen«, sagt Rosemarie. Sie ist sehr froh, daß die Mutter wieder zu Hause ist.
»Guck mal, was ich mitgebracht habe!« sagt die Mutter und nimmt eine Tüte aus der Einkaufstasche.
»Ah, Heißwecken!« ruft Rosemarie.
»Ja, die sollen uns heute nachmittag gut schmecken!« sagt die Mutter.
»Aber Mama, Petz muß auch eine bekommen – darf er das?«
»Natürlich«, sagt die Mutter.

Jochen und Nicole auf dem Flohmarkt

Heute dürfen Jochen und Nicole ihrer Mutter helfen, den Keller aufzuräumen. Sie finden es herrlich, in dem ganzen Gerümpel herumzukramen, altes Spielzeug zu entdecken und sich hinter dem großen Schrank zu verstecken.
Die Mutter findet es nicht ganz so herrlich, denn die Kinder kommen vor lauter Überraschungen gar nicht zum Helfen.
»Mutti!« ruft Jochen begeistert. »Hier ist ja mein altes Schaukelpferd!«
Wirklich, da steht das Pferdchen in der Ecke. Ein bißchen verstaubt ist es, aber noch heil und hübsch mit seinem lustigen Schwanz und dem bequemen Sitz. Jochen setzt sich darauf und muß lachen, denn seine Füße hängen bis zum Boden hinunter beim Schaukeln.
»Bin ich wirklich so klein gewesen?« sagt er verwundert. Er kann es sich nicht vorstellen, jetzt, wo er schon acht ist. Auch Nicole muß einmal schaukeln.
Aber dann entdeckt sie einen Beutel mit Glasmurmeln und eine alte Puppenwiege. Und Jochen sieht sein Plastikschiff, mit dem er als kleiner Junge am Strand gespielt hat.
»Wo sollen wir bloß mit all den Sachen hin!« sagt die Mutter und schüttelt den Kopf, als Jochen und Nicole immer mehr hervorkramen aus der Ecke mit Gerümpel.
»Ihr wißt doch«, sagt die Mutter, »wir wollen unsere alte Couch hier unterstellen, weil morgen die neue kommt. Es hilft nichts, wir müssen das ganze Spielzeug zum Sperrmüll bringen.«
»O nein, Mutti!« rufen die Kinder entsetzt. »Das geht doch nicht.«
Nicole sagt nachdenklich: »Schade, daß wir keinen kleinen Bru-

der haben oder eine kleine Schwester. Die könnten das alles noch gut gebrauchen.«
Und jetzt fällt Jochen etwas Großartiges ein.
»Mutti, weißt du was!« sagt er. »Nicole und ich gehen zum Flohmarkt und verkaufen die alten Spielsachen.«
»O ja! O ja!« sagt Nicole.
Die Mutter sieht zuerst ein bißchen nachdenklich aus, aber die Kinder bitten so lange, bis sie nachgibt.
Und der Vater lacht, als sie ihm beim Mittagessen von ihrem Plan erzählen. Er verspricht sogar, sie am Sonnabend mit allem Spielzeug in seinem Auto zum Flohmarkt zu bringen.

Die beiden Kinder können am Abend vorher vor Freude und Erwartung kaum einschlafen.
Am nächsten Morgen ist zum Glück wunderschönes Wetter. Gleich nach dem Frühstück schleppen Jochen und Nicole alles herbei, was sie verkaufen wollen: das Schaukelpferd, die Puppenwiege und noch allerlei anderes.
Die Sachen werden hinten in Vaters Wagen verstaut. Die Eltern und die Kinder steigen vergnügt ein, und los geht die Fahrt!
Oh, was für ein Trubel ist auf dem Flohmarkt!

Eine Menge Kinder und Erwachsene sind dabei, kleine Tische oder Kisten aufzubauen. Einige breiten Decken auf der Erde aus und legen alles darauf, was sie verkaufen möchten. Ein paar Buden stehen auch da, in denen werden Würstchen und Getränke verkauft.
Der Vater von Jochen und Nicole besorgt als erstes einen Zettel. Darauf steht, daß die beiden Kinder einen Platz auf dem Markt belegen dürfen.
Nicole hat schon eine gute Ecke gefunden. Sie legt eine alte Wolldecke auf den Boden. Und nun wird Vaters Auto ausgeräumt.
»Dürfen wir alles allein aufbauen, Mutti?« bittet Nicole.

»Ja, natürlich«, sagt die Mutter. »Vati und ich fahren jetzt zurück. Viel Vergnügen!«

»Um zwölf holen wir euch wieder ab«, sagt der Vater. »Und denkt daran, was ich euch gesagt habe: nehmt nicht zu viel Geld für die alten Spielsachen! Dann will sie keiner haben, und ihr kommt mit dem ganzen Krempel wieder nach Hause.«

»Nein, nein, Vati! Keine Sorge!« sagt Jochen beruhigend.

Die Kinder sind so froh, daß sie einmal allein etwas unternehmen dürfen. Jedes bekommt eine Seite der Wolldecke.

Das Schaukelpferd kommt auf Jochens Seite und die Puppenwiege auf Nicoles. Außerdem bauen sie kleine Schiffe auf, legen Beutel mit Glasmurmeln hin und einen Ball. Nicoles altes kleines Dreirad, auf dem sie mit zwei Jahren gefahren ist, steht auch schon da.

Nun ist alles fertig. Links steht Jochen und rechts Nicole. Oh, wie gespannt sind sie, ob wohl Käufer kommen werden! Neugierig sehen sie zu den anderen Ständen hinüber. Jetzt haben sie ja Zeit. Was gibt es hier nur alles zu kaufen! Pantoffeln und Kleider und einen Korbsessel, Teller und Tassen und Kochtöpfe – und sogar ein lebendiges Kaninchen!

Da, ein Ehepaar bleibt bei Jochen und Nicole stehen.

»Sieh mal, das nette Schaukelpferd!« sagt die Frau zu ihrem Mann. »Das wäre doch etwas für unseren Tommi.«

Jochens Herz fängt laut an zu klopfen.

Der Mann fragt ihn: »Was soll das Schaukelpferd denn kosten?«

»Zehn Mark!« sagt Jochen.

Das hat er mit Vater und Mutter besprochen. Denn das Pferd ist noch gut und heil, und neue Schaukelpferde sind sehr teuer.

Der Mann und die Frau sehen sich an.

»Zehn Mark?« fragt die Frau erstaunt.

Jochen nickt und wird ganz verlegen. Ob das zu viel ist?

»Mögt ihr denn nicht mehr darauf schaukeln?« fragt der Mann ganz freundlich.

»Wir sind zu groß!« erklärt Nicole.
»Ja, dann wollen wir es kaufen«, sagt der Mann und zieht seine Brieftasche heraus. Jochen bekommt einen richtigen schönen Zehnmarkschein. Er macht eine Verbeugung und sagt: »Danke!« Der Mann nimmt das Schaukelpferd unter den Arm, und das Ehepaar verabschiedet sich von den Kindern.
»Seid ihr auch nicht traurig?« erkundigt sich die Frau.
»Nein!« rufen Jochen und Nicole wie aus einem Mund.
»Unser kleiner Enkel Tommi wird sich bestimmt freuen!« sagt der Mann. Dann gehen die beiden fort.
Am liebsten würde Jochen jetzt einen Indianertanz vollführen vor Freude.
»Ha, ich hab schon zehn Mark verdient!« sagt er vergnügt zu Nicole. Sie sieht ein bißchen traurig aus, aber Jochen tröstet sie.
»Du verkaufst bestimmt auch noch was!« sagt er.
Und wirklich: schon bald kommt ein kleiner Junge mit seinen Eltern und entdeckt das Dreirad, das Nicole gehört.
»Das will ich haben, Mama!« ruft er und zerrt seine Mutter an der Hand, damit sie stehen bleibt.
Und nun klopft Nicoles Herz genauso laut wie vorhin Jochens. Sieben Mark soll das Dreirad kosten – und hurra! die Eltern des Kleinen kaufen es dafür.
Ein paar Kinder kommen und wollen Glasmurmeln haben.
Immer mehr verkaufen Jochen und Nicole von ihren Sachen. Sie sind sehr glücklich. Noch nie haben sie soviel Geld gehabt. Jochen überlegt schon, was er damit machen will: er wünscht sich so sehr ein hübsches kleines Polizeiauto – und für Vaters Geburtstag hat er dann auch noch genug übrig, um ein Geschenk zu kaufen.
Nicole spart für ein Fahrrad – nun kann sie das meiste von ihrem Geld in die Sparbüchse stecken.
Jetzt kommt ein kleines Mädchen und sieht sich an, was Jochen und Nicole noch zu verkaufen haben. Sie entdeckt das bunte

Plastikschiff und hockt sich nieder, um es genau anzusehen.
»Was kostet das?« fragt sie schüchtern.
»Zwanzig Pfennig«, sagt Jochen.
Das Mädchen ist ungefähr vier Jahre. Sie nimmt ein winziges Portemonnaie aus ihrer Rocktasche und nimmt zwei Geldstücke heraus. Jochen gibt ihr das Schiff und nimmt das Geld in Empfang.
Das kleine Mädchen sieht so froh aus, weil es ein Schiff gekauft hat.
Da merkt Jochen plötzlich, daß die Kleine ihm zwei Fünfzigpfennigstücke gegeben hat. Wahrscheinlich kennt sie noch gar nicht die einzelnen Münzen und hat ihm einfach zwei Geldstücke gegeben.
Sie ist schon weitergegangen und ist nicht mehr zu sehen.
»Sieh mal, Nicole!« sagt Jochen. »Das Mädchen hat mir eine Mark gegeben.«
Ratlos sehen sich die Kinder an.
Was soll Jochen tun? Soll er das Geld behalten? Das kleine Mädchen merkt ja gar nicht, daß sie ihm zuviel gegeben hat.

Was würdest du jetzt an Jochens Stelle tun?

1. Das Problem der Geschichte:

Ein Junge verkauft sein kleines Schiff an ein jüngeres Kind und bekommt zu viel Geld dafür.

2. Problemkreise, die man anhand dieser Geschichte mit den Kindern besprechen kann:

○ Gemeinsam überlegen, ob man ein jüngeres Kind, das den Wert des Geldes nicht kennt, betrügen darf.

- Besprechen, ob es richtig ist, für alte Sachen so viel wie möglich Geld zu fordern.
- Die Freude, selbständig etwas zu unternehmen und durch eigene Tätigkeit etwas Geld zu verdienen, ohne dabei jemand zu übervorteilen.

Schluß der Geschichte:

»Paß auf meine Sachen auf, Nicole!« sagt Jochen eilig. »Ich muß das Mädchen suchen.«
»Ja, schnell!« sagt Nicole. »Hoffentlich findest du sie!«
Jochen drängt sich durch das Menschengewimmel. Er sieht sich suchend nach allen Seiten um. Ach, da steht ja zum Glück das kleine Mädchen und sieht sich einen großen Teddybär an.
»He, du!« sagt Jochen und zupft sie am Ärmel. »Du hast mir zu viel Geld gegeben.«
Die Kleine sieht ihn verwundert an. »Ja?« sagt sie. »Aber dafür hab ich doch das schöne Schiff.«
Jochen zieht sein Portemonnaie heraus. »Hier, du bekommst noch achtzig Pfennig wieder. Warte, ich helfe dir!«
»Oh, so viel Geld! So viel Geld!« ruft die Kleine vergnügt, als Jochen acht Groschen in ihr Portemonnaie legt. »Dann kauf ich mir den großen Teddybär!«
»Nein, der ist zu teuer«, sagt Jochen. »Der kostet fünf Mark.«
»Macht nichts!« sagt das kleine Mädchen und hopst davon.
Jochen kommt zu Nicole zurück. Er ist froh, daß er das kleine Mädchen in dem Gewühl gefunden hat.
Aber was ist das? Da steht ja das Ehepaar, das sein Schaukelpferd gekauft hat! Sie reden mit Nicole . . . Wollen sie etwa das Pferd zurückbringen? War es doch zu teuer?
Jochen kommt langsam näher.

»Da bist du ja!« sagt die Frau. »Wir haben es uns überlegt: du und deine Schwester, ihr sollt beide noch zwei Mark haben. Das Schaukelpferd ist ja so schön und stabil.«
Jochen kann es kaum glauben! Der Mann gibt ihm ein blankes Zweimarkstück, und Nicole hat auch schon eins in der Hand. Was für ein herrlicher Tag! Die Kinder strahlen vor Freude! Was werden nur die Eltern sagen, daß Jochen und Nicole so viel Glück hatten!

Petras Überraschung

Am Sonntag bleiben Petra und Jörg für gewöhnlich etwas länger als sonst im Bett. Sie dehnen und strecken sich und sind vergnügt, daß sie nicht so früh aufstehen und zur Schule gehen müssen. Aber heute, an diesem Sonntag, springt Petra sogleich, nachdem sie aufgewacht ist, aus ihrem Bett. Sie läuft zu ihrem Bruder und rüttelt ihn ein bißchen an der Schulter.
»Jörg, wach auf!«
»Was ist denn?« brummt Jörg verschlafen.
»Du weißt doch: Papa hat Geburtstag!«
Nun wird auch Jörg munter. Die Kinder laufen in ihren Nachthemden und mit bloßen Füßen zur Mutter in die Küche und umarmen sie vor Freude. Denn es soll ein wundervoller Tag werden!
»Macht euch nur schnell fertig!« sagt die Mutter und trägt den Geburtstagskuchen ins Wohnzimmer.
Als der Tisch gedeckt ist und die Kinder angezogen sind, werden die Geburtstagslichter angezündet. Und nun wird der Vater aus seinem Zimmer geholt. Petra und Jörg singen mit schallender Stimme:
»Papa hat Geburtstag, trallallallalla!
Papa hat Geburtstag, trallallallalla!«
Der Vater ist sehr erstaunt, daß Jörg ihm so ein schönes Bild gemalt hat, mit Fischen, die auf dem Meeresgrund umherschwimmen. Über den bunten Eierwärmer von Petra freut er sich auch sehr.
»Den werde ich gleich zum Frühstück benutzen«, sagt er. »Es gibt doch hoffentlich ein Geburtstagsei für mich . . .?«
»Ja, ein extra großes!« lacht die Mutter.

Nach dem Frühstück gehen alle zusammen in den Park. Petra und Jörg füttern die kleinen Enten und springen über den Rasen. Und dabei freuen sie sich schon die ganze Zeit auf den Nachmittag. Die Eltern haben nämlich Onkel Ernst und Tante Hilde eingeladen mit ihrer fünfjährigen Ulrike.
Und das wissen Petra und Jörg genau: wenn Onkel Ernst kommt, dann wird es der lustigste Nachmittag, den man sich denken kann. Er und der Vater machen immer Spaß mit den Kindern.
Kurz nach drei sagt der Vater: »So, jetzt holen Mama und ich unsere Gäste von der Bahn ab.«
»Ich auch! Nimm mich auch mit, Papa!« rufen die beiden Kinder.
»Nein, das Auto wird zu voll«, sagt der Vater. »Dann sind wir ja nachher sieben Personen – das geht nicht.«
»Ulrike ist doch so klein«, sagt Petra enttäuscht. »Die kann bestimmt auf Onkels Schoß sitzen.«
»Na gut, einer von euch darf mitkommen!« sagt der Vater. »Wir werden losen.«
Er nimmt zwei Streichhölzer und bricht von einem ein Stückchen ab. Dann versteckt er seine Hände auf dem Rücken.
»So, nun könnt ihr wählen: links oder rechts?«
Jörg hat Pech. Er zieht das kürzere Streichholz und muß zu Hause bleiben.
»Dafür kommst du heute abend mit«, verspricht ihm der Vater, »wenn ich alle wieder zur Bahn bringe – einverstanden?«
Nun ist Jörg getröstet und spielt mit seiner Feuerwehr, während die Eltern mit Petra losfahren.
Eine halbe Stunde später sind die Gäste da. Sie haben für den Vater ein Buch mitgebracht und für die Mutter einen hübschen Glaskrug. Ulrike soll Petra und Jörg jedem ein Schokoladenpferdchen geben – aber was ist das?
Jörgs Pferd hat nur drei Beine, und Petras Pferdchen fehlt sogar der Kopf!

»Ulrike, was hast du gemacht?« ruft Tante Hilde.
»Abgebissen«, sagt Ulrike.
»Du bist doch zu unartig!« sagt Tante Hilde.
»Ich wollte mal sehen, ob die Schokolade auch gut ist«, sagt Ulrike. Da müssen Petra und Jörg so lachen, daß alle mitlachen. Nun fängt ein herrlicher Nachmittag an. Zuerst gibt es Kaffee und Kuchen und für die drei Kinder Fruchtsaft.
»Ja, beinahe hätten wir unseren Zug verpaßt«, erzählt Onkel Ernst. »Ulrike ist noch zu guter Letzt in unseren Goldfischteich gefallen – zehn Minuten, bevor wir fort mußten.«
»Und ich hatte ihr so ein schönes weißes Kleid angezogen«, jammert Tante Hilde, »und weiße Söckchen und Lackschuhe!«
Ulrike sitzt mit unschuldigem Gesicht dabei, so als könnte sie kein Wässerchen trüben. Aber Jörg und Petra platzen fast vor Lachen. Immer stellt Ulrike etwas Ulkiges an!
»Aber dann habt ihr es zum Glück doch noch geschafft, nicht, Tante Hilde?« sagt Petra.
»Ja, ich hab Ulrike in Windeseile ausgezogen und abgerumpelt und ihr Haar mit dem Fön getrocknet. Dann flink andere Sachen an – und los ging es!«
»Hast du mir wenigstens einen Goldfisch gefangen?« sagt der Vater neckend. Ulrike schüttelt den Kopf und ißt ein riesiges Stück Apfeltorte mit Schlagsahne.
»Und was machen wir jetzt?« sagt der Vater behaglich, als das Kaffeetrinken vorbei ist.
»Schule spielen!« ruft Petra.
»Na schön.« Der Vater und Onkel Ernst murmeln zusammen und gehen nach draußen. Petra und Jörg rücken die Stühle zurecht, und Petra darf Lehrerin sein. Die Mutter und Tante Hilde gehören zu den Schulkindern. Jetzt kommen Onkel Ernst und der Vater ins Zimmer. Sie haben sich die Schulranzen von Jörg und Petra aufgesetzt, und der Onkel hat Jörgs Pudelmütze auf dem Kopf.

Er stößt den Vater zur Seite.
»Fräulein Lehrerin, der Franz läßt mir keine Ruhe!« sagt er zu Petra. »Er schubst mich immer.«
»Nein, er hat mir meine neue Mütze weggenommen!« sagt der Vater.
Petra muß lachen, aber sie sagt streng: »Franz und Ernst, ihr müßt jetzt still sein. Setzt euch jeder in eine Ecke.«
Jörg und Ulrike kichern, denn der Onkel knufft schnell noch den Vater mit dem Ellbogen, bevor er sich setzt.
Und mitten in der Rechenstunde, die Petra jetzt gibt, steht Onkel Ernst auf und sagt: »Fräulein Lehrerin, ich hab mein Butterbrot vergessen. Darf ich schnell nach Hause gehen und es mir holen?«
Die Kinder kommen aus dem Lachen nicht heraus.
Der Nachmittag geht mit lustigen Spielen weiter: Wattepusten, »Die schwarze Kunst« und Pfänderauslosen.
Schade, daß die Zeit so schnell vergeht! Aber bevor die Gäste wieder fortfahren, gibt es noch Würstchen und Kartoffelsalat und zum Nachtisch Schokoladenpudding und Vanillesauce.
Dabei wird der neue Glaskrug eingeweiht.
Es schmeckt allen gut.
Als die Eltern die Gäste zur Bahn bringen, ist es schon dunkel. Diesmal darf Jörg mitfahren, und Petra bleibt zu Hause. Es wird noch verabredet, daß bald alle zu Onkel Ernst und Tante Hilde kommen sollen. Das ist eine Freude!
Nun ist Petra allein. Und plötzlich kommt ihr ein Gedanke: sie will die Mutter überraschen und das ganze schmutzige Geschirr abspülen. Es ist eine Menge, denn sie waren ja sieben Menschen zum Kaffee und zum Abendbrot.
»Das macht nichts!« sagt Petra laut. Meistens hat sie nicht viel Lust, Mama in der Küche zu helfen. Aber nun stellt sie sich vor, was die Mutter sagen wird, wenn sie nach Hause kommt und alles, alles ist fertig!
Mit Feuereifer geht Petra an die Arbeit. Sie läßt heißes Wasser

einlaufen und wäscht das ganze Geschirr ab. Es geht nicht so schnell, wie sie möchte, denn die Tortenreste sind an den Tellern angetrocknet. Immer wieder sieht sie zur Küchenuhr – bald müssen die Eltern kommen!

Hurra, Petra schafft es! Nun stellt sie alle Teller und Tassen in den Schrank und legt das Silber in die Schublade.

Nur schnell noch den Glaskrug abtrocknen! O weh – er rutscht Petra aus der Hand und zerspringt auf den Küchenfliesen in tausend Scherben...

Petra ist so erschrocken, daß sie einen Augenblick wie gelähmt dasteht und gar nichts tun kann.

Dann holt sie Schaufel und Besen und fegt die Scherben zusammen. Dabei tropfen ihr die Tränen herunter. Heute hat die Mutter den Krug erst bekommen – und nun ist er kaputt.

Als Petra die Glasscherben in den Mülleimer schüttet, überlegt sie: »Wenn ich es Mama nun noch gar nicht sage? Dann ärgert sie sich wenigstens nicht... Ich kann ja ein Stück Zeitungspapier oben auf die Scherben legen – dann merkt es keiner.«

Was meinst du? Soll Petra das tun? Oder soll sie lieber der Mutter gleich alles sagen, wenn sie nach Hause kommt?

Was würdest du tun?

1. Das Problem der Geschichte:

Ein Kind will die Mutter überraschen und zerschlägt beim Spülen aus Versehen einen Glaskrug.

2. Problemkreise, die man anhand dieser Geschichte mit den Kindern besprechen kann:

○ Die Freude, jemand mit einer Handlung zu überraschen, die einem selbst Mühe macht.

○ Die Angst vor der Entdeckung eines Mißgeschickes (hier der zerbrochene Krug).
○ Mit den Kindern gemeinsam überlegen, ob es Sinn hat, das Unglück zunächst zu verschweigen, um der Mutter »den Abend nicht zu verderben« – oder ob ihr Ärger am nächsten Tag um so größer sein wird?

Schluß der Geschichte:

Da – Petra hört, wie der Vater die Wohnungstür aufschließt. Schnell bringt sie Schaufel und Besen in die Kammer.
»Petra!« ruft die Mutter. »Wo bist du?«
Und nun kommen alle zu ihr in die Küche: der Vater, die Mutter und Jörg. Sie sehen so froh aus nach dem schönen Tag.
»Wo bleibst du denn, Petra?« fragt die Mutter, aber dann sieht sie sich erstaunt um. »Sag mal, waren hier etwa die Heinzelmännchen? Wo ist denn das ganze schmutzige Geschirr?«
»Hier wohnt wohl ein kleiner Zauberer!« sagt der Vater und zwinkert Petra zu.
»Ach, Petra, das ist aber wirklich lieb von dir!« sagt die Mutter. »Ich hab gedacht, jetzt muß ich erst mal eine Stunde in der Küche stehen und abwaschen... wie hast du das bloß so schnell geschafft?«
Da kann Petra nicht anders, sie läuft zur Mutter, umarmt sie und fängt bitterlich an zu weinen.
»Aber Liebling, was ist denn? Erst machst du mir solche Freude, und nun weinst du?« sagt die Mutter leise.
Petra schluchzt: »Ich wollte dich doch überraschen – und da ist der Krug... der neue Krug...«
»Ist er kaputtgegangen?« fragt der Vater.
Petra nickt und schluchzt immer mehr.
»Armer Liebling. So ein Pech!« sagt die Mutter. »Darum brauchst du nicht zu weinen. So was ist mir auch schon passiert.«

»Und mir erst!« sagt der Vater. »Ich hab mal als Junge ein ganzes Tablett mit Tellern und Tassen die Treppe hinunterfallen lassen – na, das war ein Gepolter!«
Petra lacht unter Tränen. »Ist das auch wirklich wahr, Papa?« fragt sie. »Oder machst du nur Spaß?«
»Gar kein Spaß!« sagt der Vater. »Frag nur Großmama – die weiß das heute noch.«
Die Mutter legt den Arm um Petras Schulter, und alle gehen ins Wohnzimmer. »Vielen, vielen Dank, Petra!« sagt sie. »Du hast mich so lieb überrascht.«
Nun ist alles gut. Petra ist kein bißchen mehr traurig. Während alle noch ein Weilchen zusammensitzen und sich über den lustigen Nachmittag und die wilde kleine Ulrike unterhalten, denkt Petra: »Wie gut, daß ich es Mama gleich gesagt habe mit dem Krug!«

Verlaufen!

Daniela wohnt mit ihren Eltern mitten in der Stadt, in einem großen Haus mit vielen Menschen. Sie hat zwei Brüder, aber die sind schon elf und zwölf, und Daniela ist erst sechs.
Deshalb spielt sie oft allein. Zur Schule geht sie noch nicht. Aber wenn das Wetter gut ist, darf sie mit ihren Freundinnen auf der Straße spielen.
Mit Inge und Sabine macht sie »Hinkebock«, sie spielen mit ihren Murmeln und springen mit ihrem Springseil.
Daniela mag gern unten spielen. Aber ihre Mutter ist etwas bange, weil so viele Autos und Lastwagen durch die Straße fahren.
»Es ist schlimm, daß wir hier keinen Spielplatz haben!« sagt die Mutter. »Versprich mir, Daniela, daß du nie allein über die Straße gehst.«
»Nein, Mutti! Hab doch keine Angst!« sagt Daniela. »Höchstens bei der Ampel, wenn sie grün ist.«
Jetzt ist ein Sonntag im Herbst. Es ist noch warm und schön draußen. Daniela sitzt mit Inge und Sabine auf den Stufen vor der Haustür. Die Steine sind warm von der Sonne. Hier kann man gut sitzen, findet Daniela.
»Ich seh, ich seh was!« ruft sie.
»Wie glänzt das?« fragen Inge und Sabine.
»Grün.«
Und nun müssen die beiden Mädchen lange raten, was Daniela gemeint hat. Es sind die großen grünen Buchstaben auf dem Schild vom Schlachterladen gegenüber.
Plötzlich ruft jemand aus dem Fenster: »Inge! Sabine! Kommt rauf, wir wollen Kaffee trinken!«

»Ja, Mutti, wir kommen!« ruft Inge.
»Schade!« sagt Sabine.
Daniela bleibt allein. Heute ist es still auf der Straße, weil Sonntag ist. Nur ein paar Menschen gehen spazieren.
Da hört Daniela auf einmal eine leise Musik, die immer näherkommt... Ist das etwa ein Leierkasten?
Richtig, dort kommt ein alter Mann mit einer bunten Drehorgel die Straße entlang. Eine ganze Schar Kinder läuft hinter ihm her. Daniela freut sich, denn der Mann bleibt ganz in ihrer Nähe stehen und dreht an seinem Leierkasten. Sie springt auf und tanzt zu der Musik. Sie mag gar nicht aufhören.

Fast alle Leute, die vorübergehen, bleiben stehen und legen etwas Geld in die Mütze des Mannes.
Wie schade – jetzt zieht er weiter mit seinem Leierkasten...!
Die Kinder laufen lachend und schwatzend hinter ihm her. Da bekommt Daniela so große Lust, auch mitzulaufen. Es ist ja noch nicht spät. Erst um sieben essen sie zu Hause Abendbrot. Und ohne Inge und Sabine ist es ein bißchen langweilig hier unten.
Daniela läuft mit den anderen Kindern hinter dem Leierkastenmann her. An der nächsten Ecke bleibt er wieder stehen. Jetzt machen die Kinder einen großen Kreis und tanzen alle zusammen. Auch Daniela ist dabei. Sie lacht und jubelt, als sie mit den andern herumspringt.
Weiter und weiter geht der Leierkastenmann. Daniela läuft wie verzaubert mit. Sie merkt gar nicht, daß es immer später wird und daß sie in eine Gegend kommt, die ganz fremd ist.

Allmählich bleiben immer mehr Kinder zurück. Nur noch zwei oder drei laufen mit Daniela zusammen hinter dem alten Mann her.
Auf einmal bleibt er stehen und sagt: »So, Kinder, jetzt ist Feierabend. Nun geht's nach Hause – für heute ist Schluß!«

»Auf Wiedersehen!« sagt Daniela. »Und vielen Dank!«
Der Mann nickt ihr zu, und die anderen Kinder laufen fort. Daniela sieht sich um. Sie erschrickt. Wo ist sie denn bloß? Diese Häuser hat sie ja noch nie gesehen...! Und den Kanal da drüben mit den dunklen Bäumen kennt sie auch nicht.
Ob sie den Leierkastenmann fragt? Aber er ist schon mit seiner Drehorgel um die Ecke gebogen, sie sieht ihn nicht mehr. Und jetzt merkt Daniela zu ihrem Schrecken, daß es schon dämmerig wird. Wenn sie nur wüßte, in welcher Richtung sie gehen muß, um wieder nach Hause zu kommen!
Was soll Daniela tun?

Was würdest du tun, wenn du dich verlaufen hättest?

1. Das Problem der Geschichte:

Ein Kind verläuft sich in der Stadt und weiß nicht, wie es wieder nach Hause finden soll.

2. Problemkreise, die man anhand dieser Geschichte mit den Kindern besprechen kann:

- Besprechen, warum man hinter etwas Interessantem (hier der Leierkastenmann) herläuft, ohne nachzudenken.
- Hat es Sinn, allein den Weg nach Hause zu suchen?
- Gemeinsam überlegen, an welche Menschen man sich in solcher Lage am besten wendet: Polizist besser als Kinder! Auch Polizeiwache ist zu erwähnen.

Schluß der Geschichte:

Daniela hat sich noch nie so verlassen gefühlt. Es sind so wenig Menschen auf der Straße. Da kommen zwei große Jungen – die will sie fragen.
»Wo ist eigentlich die Bogenstraße?« fragt sie ängstlich.
»Die Bogenstraße?« fragt einer der Jungen. »Erst links, dann rechts, dann wieder links und dreimal um die Ecke!«
»Nein«, sagt der andere Junge und lacht. »Hier über die Brücke mußt du gehen und dann siebenmal um die Kirche rum – da gehst du immer im Bogen und bist in der Bogenstraße.«
Daniela ist erst sechs, aber dumm ist sie nicht. Sie merkt genau, daß die Jungen sie nur anführen wollen.
»Schwindler!« sagt sie und dreht ihnen verächtlich den Rücken zu.
Die Jungen lachen und laufen weg.
Nein, Daniela will lieber einen erwachsenen Menschen fragen. Oh, ist da hinten nicht ein Polizist? Ob der ihr helfen wird? Daniela rennt, so schnell sie kann. Der Polizist steigt gerade auf sein Rad und will davonfahren, und Daniela ist schon ganz atemlos vom Laufen.
»Hallo! Hallo! Herr Polizist!« ruft sie laut.
Der Schutzmann dreht sich um und sieht, wie Daniela angelaufen kommt.
»Na, Kleine?« fragt er. »Wo brennt's denn?«
»Es brennt nicht«, sagt Daniela keuchend, »aber ich finde nicht nach Hause.«
»So? Warum läufst du denn ganz allein hier herum?«
»Ich wollte doch den Leierkastenmann hören«, erklärt Daniela. »Und auf einmal kannte ich die Straßen gar nicht mehr.«
»Weißt du denn wenigstens, wo du wohnst?« fragt der Polizist.
Daniela nickt. Das weiß sie zum Glück genau.
»Bogenstraße Nummer 7«, sagt sie.

»Na, komm, ich bring dich mit meinem Rad nach Hause!«
Der Polizist nimmt Daniela auf sein Fahrrad, und nun geht es kreuz und quer durch viele Straßen.
»Hier! Hier ist die Bogenstraße!« schreit Daniela entzückt, als sie beim Schlachter um die Ecke biegen.
»Na, siehst du!« sagt der Polizist und hebt Daniela vom Rad. Vor der Haustür stehen Danielas Brüder. Sie sind sehr erstaunt, als sie ihre kleine Schwester mit dem Polizisten sehen. Hat sie etwa irgendwas angestellt –?
»Wir wollten dich gerade suchen!« ruft Rolf.
Daniela gibt aber erstmal dem freundlichen Polizisten die Hand und macht einen Knicks.
»Danke!« sagt sie. »Du bist richtig nett.«
»Ja, du auch«, sagt der Polizist. »Aber lauf nicht wieder allein fort – hörst du?«
»Nein, bestimmt nicht!« sagt Daniela.
Dann läuft sie vergnügt ihren Brüdern entgegen.

Markus ist zu wild für mich!

Heute hat Jenny gar keine Lust, zur Schule zu gehen. Erstens gießt es draußen wie toll – und außerdem hat sie ein bißchen Angst vor der Rechenarbeit, die sie heute schreiben sollen. Wie schön wäre es, wenn sie bei dem ungemütlichen Wetter zu Hause bleiben könnte! Dann würde sie sich mit ihrem neuen Buch in einen Sessel vergraben und lesen, lesen, lesen.
Es ist so ein spannendes Buch. Sie hat es vorige Woche zu ihrem neunten Geburtstag bekommen.
Als Jenny in ihre Klasse kommt, gibt es eine Überraschung.
»Heute ist keine Schule!« rufen ihr die Kinder entgegen. »Frau Peters ist krank geworden.«
Frau Peters ist Jennys Klassenlehrerin. Jenny mag sie gern leiden, und es tut ihr leid, daß sie krank ist. Aber darum freut sie sich doch, daß heute keine Schule ist. Der Rektor hat keine Vertretung bekommen, denn bei dem scheußlichen Herbstwetter sind noch mehr Lehrer krank geworden.
Vergnügt macht sich Jenny auf den Heimweg.
»Nanu, kommst du schon wieder nach Hause?« fragt die Mutter erstaunt, als sie ihr die Tür öffnet.
»Ja, Mutti, stell dir vor: wir haben schulfrei!«
Und Jenny erzählt von all den kranken Lehrern.
»Daß du heute so früh kommst, paßt mir wirklich gut!« sagt die Mutter. »Ich muß einfach mit Christian zum Ohrenarzt, wenn es auch regnet. Dr. Hansen wohnt ja zum Glück nur ein paar Häuser weiter. Christian hatte solche Ohrenschmerzen heute nacht.«
Christian ist Jennys zweijähriger Bruder. Außerdem ist da noch der dreijährige Markus.

»Aber Markus nimmst du doch mit, nicht, Mutti?« sagt Jenny bittend.
»Nein, Jenny! Deshalb bin ich doch gerade so froh, daß du hier bist. Ich kann Markus nicht mit zum Arzt nehmen. Er kann nicht so lange still sitzen. Wenn das Wartezimmer voll ist, wird er unartig und fängt an herumzuklettern. Das weißt du doch. Du mußt heute auf ihn aufpassen, Jenny.«
Jenny zieht ein verdrießliches Gesicht. Wie hat sie sich auf den schönen freien Vormittag gefreut!
»Markus ist zu wild für mich«, sagt sie trotzig. »Und ich wollte mein neues Buch lesen.«
»Du darfst nachher lesen, wenn Markus und Christian schlafen«, verspricht die Mutter. Sie nimmt Jenny mit ins Kinderzimmer. Da sitzt Christian in der Ecke. Er hat einen Wollschal um den Kopf gewickelt und sieht kläglich aus. Jenny geht zu ihm und streichelt sein blasses Gesichtchen.
»Ohr weh!« sagt er.
»Das Ohr wird wieder besser!« sagt Jenny tröstend. »Mama geht mit dir zum Doktor, der macht es wieder gut.«
Christian nickt. »Dokter Medissin!« sagt er.

Markus schaukelt auf seinem Pferd. Er ist schon zweimal damit umgekippt, aber das macht ihm nichts aus. Er schaukelt wild auf und ab.
Jenny seufzt. Das wird eine Plackerei werden mit Markus!
Während die Mutter Christian warm anzieht und ihm die Pudelmütze aufsetzt, sagt sie leise zu Jenny: »Wenn man richtig mit Markus spielt, dann ist er ganz lieb und vernünftig. Du mußt dich nur wirklich um ihn kümmern – hörst du?«

Jenny gibt keine Antwort. Sie ist zu enttäuscht. Und als die Mutter mit Christian fortgegangen ist, da denkt sie: »Ach was! Markus kann ruhig mal allein spielen. Ich hol mein Buch und lese.«

Das tut Jenny auch.
Und eigentlich ist es jetzt ganz gemütlich im Kinderzimmer. Es ist mollig warm, und der Regen prasselt gegen die Scheiben. Markus hat seinen Baukasten hervorgeholt und baut einen großen Turm.
Jenny sitzt auf der Eckbank und liest.
»Sieh mal, was Markus gebaut hat!« ruft ihr kleiner Bruder.
Jenny gibt keine Antwort.
»Du, ich hab einen Turm gebaut!« sagt Markus.
»Ja – laß mich doch in Ruhe!« sagt Jenny böse. »Die Geschichte ist gerade so spannend.«
Da stößt Markus mit seinem Fuß den Turm um, so daß alles krachend zusammenstürzt.
Erschrocken blickt Jenny hoch. »Sei nicht so laut, Markus!« sagt sie. »Sonst beschwert sich Herr Hinrichs wieder.«
Herr Hinrichs ist der Nachbar.
Aber Markus kümmert sich nicht um das, was Jenny sagt. Er klettert auf die Fensterbank und springt mit einem wilden Satz auf die Erde. Immer wieder – bis Jenny ärgerlich aufspringt.
»Ich hab doch gesagt, du sollst nicht so laut sein, Markus! Wenn du nicht sofort aufhörst . . .!«
Aber Jenny kann nicht weiterreden, denn Markus rennt übermütig zum Tisch und reißt Jennys Buch herunter.
»Gestohlen! Gestohlen!« ruft er und springt damit durchs ganze Zimmer. Wie die wilde Jagd geht es durch die Wohnung. Jenny rennt hinter ihrem Bruder her, aber er windet sich immer wieder los, wenn sie ihn packt. Und dabei schwenkt er ihr Buch hoch durch die Luft.
Jenny weint beinahe vor Zorn.
»Du bist ganz böse, Markus!« ruft sie. »Gib mein Buch sofort her!«
»Nein, du bist böse!« sagt der kleine Junge. »Du schimpfst mit Markus.«

Endlich hat Jenny ihn eingeholt und nimmt ihm das Buch weg. »Da, siehst du – jetzt hat es einen Fleck bekommen!« sagt sie. Sie legt den Arm vor die Augen. Sie hat es ja gleich gewußt, was für ein gräßlicher Vormittag das wird, wenn sie auf Markus aufpassen muß.
Markus versucht mit seiner kleinen Hand, ihren Arm vom Gesicht zu schieben.
»Wir machen den Fleck wieder weg, nicht, Jenny?« sagt er bittend.
Jenny stößt ihn zornig fort und geht ins Kinderzimmer. Das schöne Buch! Nun sieht es nicht mehr neu aus.
Nach einer Weile wird ihr etwas unbehaglich zumute. Wo ist Markus eigentlich? Er war ja eigentlich zuletzt sehr lieb und wollte sie trösten ...
Jenny geht in die Diele. Da sieht sie Markus in der Ecke sitzen. Er hat den Kopf auf die Knie gelegt und weint leise vor sich hin. Jenny erschrickt. Es war natürlich nicht nett, daß Markus ihr das Buch weggenommen hat – aber war sie denn nett zu ihm? Was soll sie tun? Soll sie einfach weiterlesen und sich gar nicht um ihn kümmern? Oder soll sie ihn trösten? Was meinst du?

Was würdest du jetzt tun?

1. Das Problem der Geschichte:

Die große Schwester hat keine Lust, ihren wilden kleinen Bruder zu beaufsichtigen. Da sie sich von ihm gestört fühlt, läßt sie ihren Ärger an ihm aus.

2. Problemkreise, die man anhand dieser Geschichte mit den Kindern besprechen kann:

- Eigene Wünsche zurückstellen, wenn es nötig ist zu helfen.
- Gemeinsam herausfinden, daß »Halbheiten« zu nichts Gutem führen

(z. B. gleichzeitig ein kleines Kind beaufsichtigen und etwas »Spannendes« lesen).
- Die Freude, jemand froh zu machen, der ganz auf uns angewiesen ist.
- Gemeinsam überlegen: unfreundlich sein macht selbst unglücklich.

Schluß der Geschichte:

Jenny weiß auf einmal, daß sie ganz scheußlich war zu ihrem kleinen Bruder. Sie hockt sich neben ihn und umarmt ihn. Wenn er weint, merkt sie erst richtig, wie gern sie ihn hat. Er ist ja noch so klein und weiß nicht, was er Dummes tut.
»Wein nicht mehr, Markus, wir spielen jetzt auch was ganz Schönes zusammen. Ja? Wollen wir das?«
Und Jenny nimmt ihr Taschentuch und putzt Markus die Tränen ab.
Markus schnauft und schluchzt.
»Was spielst du denn mit mir?« fragt er.
»Wollen wir uns aus den Stühlen im Kinderzimmer eine Eisenbahn machen?« schlägt Jenny vor. »Und du bist der Lokführer?«
Da lacht Markus unter Tränen.
»O ja! O ja!« ruft er. »Und du bist der Bahnwärter!«
»Ja, gut«, sagt Jenny.
Als die Mutter nach zwei Stunden mit Christian nach Hause kommt, rennt Markus ihr entgegen.
»Na, ging alles gut?« fragt sie etwas besorgt und sieht Jenny an. Ehe Jenny antworten kann, ruft Markus strahlend: »Wir spielen Eisenbahn, Mama! Und Markus ist der Lokführer!«
»Ich wußte doch, daß ich mich auf dich verlassen kann«, sagt die Mutter zu Jenny.
Jenny wird rot.
»Nein, Mutti, das muß ich dir noch erzählen nachher. Aber eins sag ich dir jetzt schon: Markus war ganz, ganz lieb.«

Markus steht mit großen Augen dabei.
»Markus ganz, ganz lieb!« wiederholt er glücklich.
»Und unseren Christian legen wir jetzt ins Bett!« sagt die Mutter.
»Er hat Medizin bekommen und wird sicher bald einschlafen. Ob mein großer Markus wohl ganz leise sein kann, damit Christian nicht gestört wird?«
Markus nickt.
Da beugt sich Jenny zu ihm hinunter und sagt: »Weißt du was, Markus – ich lese dir eine Geschichte vor.«
Vergnügt geht Markus mit seiner großen Schwester ins Wohnzimmer.

Wo ist der Schlüssel?

Als Frank und Claudia heute aus der Schule kommen, läuft ihnen ihre vierjährige Schwester Bettina entgegen.
»Morgen reisen Mama und Papa mit dem Auto weg!« ruft sie.
»Und ich darf mitfahren. Ihr aber nicht!«
»Was?«
Frank und Claudia sehen sich verblüfft an. Sie gehen zur Mutter, die gerade den Tisch deckt. Der Vater ist auch schon da.
»Du, Mutti!« sagt Claudia, nachdem sie sich begrüßt haben.
»Bettina hat gesagt, ihr reist fort. Ohne uns.«
»Ja, das müssen wir euch erklären«, sagt die Mutter. Die Kinder sehen sie gespannt an.
»Ihr wißt doch«, sagt der Vater, »daß Mutti in letzter Zeit immer Rückenschmerzen hat. Nicht wahr?«
»Ja, von der vielen Arbeit«, sagt Frank.
»Richtig. Nun will ich Mutti morgen in ein Krankenhaus bringen – nein, ihr braucht keinen Schreck zu bekommen!« sagt der Vater schnell, denn Claudia und Frank starren ihn erschrocken an. »Mutti soll dort nur untersucht und geröntgt werden. Das Krankenhaus gehört einem Arzt in einer anderen Stadt, der soll besonders tüchtig sein. Deshalb bringe ich Mutti dorthin.«
»Und abends kommt ihr alle wieder?« erkundigt sich Claudia besorgt.
»Ja, bestimmt. Aber seht ihr, es wird alles stundenlang dauern – es wäre viel zu langweilig für euch, die ganze Warterei. Deshalb dachten Mutti und ich, ihr beiden Großen bleibt einmal allein zu Hause und macht euch einen schönen Tag.«

Frank und Claudia sehen sich an. Morgen fangen gerade die Pfingstferien an. Das Wetter ist herrlich, eigentlich macht es viel mehr Spaß, hier zu bleiben, als stundenlang im heißen Auto oder im Wartezimmer vom Krankenhaus zu sitzen.
»Bettina nehmen wir mit«, sagt die Mutter, »sie kann unterwegs im Auto schlafen. Und dann braucht ihr nicht den ganzen Tag auf sie aufzupassen.«
»Dürfen wir auch Schwimmen gehen, Mutti?« fragt Frank.
»Ja, ihr habt euch ja beide freigeschwommen!« sagt der Vater. Frank und Claudia sind sehr zufrieden. Hei, das soll ein schöner Tag werden!
Ganz früh am nächsten Morgen fahren die Eltern mit Bettina fort. Und nun haben Frank und Claudia die ganze Wohnung für sich allein. Sie frühstücken lange, trinken Kakao und essen Eier und Honigbrötchen. Dann setzen sie sich auf den Balkon unter die rote Markise und spielen »Fang den Hut«. Und hinterher lesen sie.
Als sie wieder hungrig werden, gehen sie in die Küche und sehen nach, was die Mutter für sie hingestellt hat. Ah, eine Schüssel mit Kartoffelsalat und kalte Fleischbrötchen! Hinterher gibt es Rote Grütze mit Milch.
Es schmeckt wunderbar.
Und nun wird es so warm auf dem Balkon, daß Frank und Claudia beschließen, zum Schwimmen zu gehen. Sie packen ihre Badesachen und nehmen ihren Ball mit.
Frank schließt die Wohnungstür ab und steckt den Schlüssel in seine Hosentasche. Dann machen sie sich auf den Weg zum Freibad. Sie müssen ungefähr eine halbe Stunde gehen.
Hei, was für ein Trubel herrscht dort, als sie ankommen. Claudia löst zwei Eintrittskarten und gibt sie Frank. Der steckt sie auch in seine Hosentasche. Schnell ziehen sie ihr Badezeug an und tollen genauso fröhlich im Wasser umher wie die vielen anderen Menschen.

Claudia hat auf dem Rasen ein Badetuch ausgebreitet. Als sie und ihr Bruder lange genug geschwommen sind, strecken sie sich auf dem Laken aus und lassen sich von Wind und Sonne trocknen. Frank kauft für beide ein Nußeis mit Schokolade. Hm, das schmeckt!
Dann spielen sie mit ihrem Ball, und zuletzt schwimmen sie noch einmal um die Wette.
»Besser, als jetzt im heißen Auto sitzen!« sagt Claudia.
»Viel besser!« sagt Frank.
Als sie nach Hause gehen, hat Frank noch ganz nasses Haar. Er niest ein paarmal und zieht sein Taschentuch heraus, um sich tüchtig die Nase zu putzen.
»Da, dir ist was aus der Hosentasche gefallen!« sagt Claudia und bückt sich nach zwei kleinen Zetteln, die auf den Weg geflattert sind.
»Ach, das sind nur die Eintrittskarten fürs Schwimmbad«, sagt Frank und wirft die beiden Zettel in einen Papierkorb.
Wie müde sind Frank und Claudia vom Schwimmen geworden! Und wie schön, jetzt nach Hause zu kommen und dort behaglich Abendbrot zu essen! Hinterher wollen sie im Bett noch lesen, das hat die Mutter ihnen erlaubt, weil Ferien sind.
Das letzte Stück zu ihrer Wohnung gehen Frank und Claudia immer schneller, so sehr freuen sie sich auf zu Hause.
»Schließ auf, Frank!« sagt Claudia ungeduldig, als sie vor der Tür stehen.
Frank greift in seine Hosentasche. »Ich hab den Schlüssel nicht«, sagt er. »Du mußt ihn haben, Claudia.«
»Ich?« ruft Claudia. »Du hast doch vorhin abgeschlossen, Frank. Das weiß ich genau.«
Franks Hosentaschen werden gründlich durchsucht, aber der Schlüssel ist nicht da. Bestürzt sehen sich die Kinder an. Sie durchsuchen sogar ihre Badesachen, aber nein! Kein Schlüssel findet sich.

Nun können sie nicht in die Wohnung, und dabei sind sie so müde und hungrig. Die Eltern kommen bestimmt erst spät nach Hause. Sie wollen nach dem Krankenhaus noch Freunde besuchen, die sie lange nicht gesehen haben.
»Oh, ich weiß!« ruft Claudia. »Du hast sicher den Schlüssel mit herausgerissen, als du dein Taschentuch genommen hast, Frank!«
»Ja«, sagt Frank verzagt, »da sind ja auch die Eintrittskarten rausgefallen.«
Es hilft nichts, die Kinder gehen den Weg noch einmal zurück und starren die ganze Zeit auf den Boden, um den Schlüssel zu entdecken. Aber sie finden ihn nicht. Er ist weg.
Stumm und niedergedrückt trotten die Kinder nach Hause zurück. Was sollen sie jetzt tun?

Was würdest du tun, wenn du den Schlüssel verloren hättest und nicht in die Wohnung könntest?

1. Das Problem der Geschichte:

Zwei Kinder verlieren in Abwesenheit der Eltern den Hausschlüssel und können nicht mehr in die Wohnung.

2. Problemkreise, die man anhand dieser Geschichte mit den Kindern besprechen kann:

○ Gemeinsam überlegen, wie das Verlieren eines wichtigen Schlüssels verhindert werden kann: z. B. an einem Band befestigen und um den Hals tragen – oder den Schlüsselring an einem Kleidungsstück feststecken.
○ Besprechen, an wen man sich noch wenden kann, außer an Nachbarn: Polizei oder Schlüsseldienst.

Schluß der Geschichte:

»Wir setzen uns auf die Treppe und warten!« sagt Frank. »Irgendwann kommen Vati und Mutti ja wieder.«
Aber Claudia schüttelt den Kopf. »Laß uns lieber Frau Behrens fragen, ob wir zu ihr kommen dürfen.«
Frau Behrens ist die Nachbarin. Sie nimmt die Kinder freundlich auf.
»Ihr Armen!« ruft sie, als sie hört, was ihnen passiert ist. »Bei mir könnt ihr leider nicht lange bleiben, ich muß in einer Stunde fort. Aber ich rufe gleich den Schlüsseldienst an.«
»Den Schlüsseldienst? Was ist das denn?« fragt Frank verwundert.
Aber Frau Behrens ist schon am Telefon und wählt eine Nummer. »Kommen Sie bitte so bald wie möglich zur Ulmenstraße 31!« sagt sie. »Ja, bitte! Klingeln Sie bei Behrens!«
»Alles in Ordnung!« sagt sie zu den Kindern. »Der Mann vom Schlüsseldienst kommt in ungefähr fünfzehn Minuten.«
Richtig: nach einer Viertelstunde erscheint ein Mann mit einer großen Tasche unter dem Arm. Darin ist sein Handwerkszeug. Er nimmt Schraubenzieher und andere Dinge heraus – und in wenigen Minuten ist das Schloß von der verschlossenen Wohnungstür abgeschraubt.
Wie froh sind Claudia und Frank, daß sie hineinkönnen! Der Mann schraubt das Schloß wieder an, und sie setzen sich zum Abendbrot hin.
»Das ist toll, mit dem Schlüsseldienst!« sagt Frank und beißt von seinem Wurstbrot ab.
Allerdings – es wird eine Rechnung geben, und darüber werden sich die Eltern nicht freuen. »Ich sag Vati, er soll mir einen Monat lang kein Taschengeld geben«, überlegt Frank. Claudia nickt. »Ja, das sag ich ihm auch.«

Vater hat es mir versprochen!

Die schönste Stunde vom Tage ist für Frieder, wenn Vater abends nach Hause kommt. Dann rennt er ihm entgegen, der Vater schwenkt ihn durch die Luft, und Frieder lacht und jauchzt.
»Na, was hast du gemacht?« fragt der Vater.
»Och... Schularbeiten« – Frieder ist nämlich vor einiger Zeit zur Schule gekommen und kann schon ein bißchen lesen und schreiben! –, »dann mit Mutti Kakao getrunken und Heißwecken gegessen – und dann mit der Feuerwehr gespielt.«
Frieder hat keine Geschwister, und in den Häusern in der Nähe wohnen keine Kinder, die so alt sind wie er – deshalb spielt er meistens allein.
»Was machen wir jetzt, Vati?« fragt Frieder.
»Erst muß Vati essen und sich etwas ausruhen«, sagt die Mutter.
»Und dann? Spielst du dann mit mir, Vati?« fragt Frieder gespannt. Der Vater zwinkert ihm zu. Und kaum haben sie Abendbrot gegessen, da holt Frieder seinen großen Legobaukasten. Der Vater kann die herrlichsten Sachen bauen, und Frieder hilft ihm.
Aber eines Tages wird alles anders. Der Vater kommt nach Hause und geht gleich nach dem Essen in sein Zimmer.
»Ich hab keine Zeit«, sagt er zu Frieder. »Ich muß noch arbeiten.«
»Komm, Frieder, ich lese dir etwas vor«, sagt die Mutter. »Wir müssen Vati in Ruhe lassen, er hat so viel zu tun.«
Aber komisch, von nun an ist es jeden Abend so: der Vater hat nie mehr Zeit, mit Frieder zu spielen.
Die Mutter erklärt es Frieder: »Vati hat eine neue Stellung bekommen, da gibt es in der ersten Zeit schrecklich viel Arbeit.

Vielleicht kann Vati am Sonntag mit dir spielen.«
Frieder nickt.
Der Sonntag kommt, und der Vater schreibt und sitzt die meiste Zeit in seinem Zimmer. Frieder ist traurig. Natürlich, mit der Mutter ist es auch lustig zu spielen – aber am meisten Spaß macht es, wenn Vati auch dabei ist.
»Spielst du jetzt nie mehr mit mir, Vati?« fragt Frieder den Vater eines Tages beim Abendbrot.
»Was sagst du?« Der Vater hat nicht richtig zugehört.
»Ob du nie mehr mit mir spielst?« sagt Frieder.
»Ach so. Ja, natürlich, mein Junge. Bald hab ich wieder mehr Zeit. Nächsten Sonntag geht es sicher.«
Die ganze Woche freut sich Frieder auf Sonntag. Er hat sich überlegt, daß er mit Vati zusammen ein wundervolles Feuerwehrhaus bauen will – darin kann er dann seine kleine Feuerwehr unterstellen.
Aber nach dem Frühstück am Sonntagmorgen sagt der Vater zur Mutter: »Ich hab mir wieder eine Menge Akten mitgebracht. Die muß ich alle durcharbeiten. Am besten gehst du mit Frieder allein zu den Großeltern . . .«
Tief enttäuscht sieht Frieder den Vater an. Hat er vergessen, was er Frieder versprochen hat?
»Aber Vati«, fängt er schüchtern an, »du wolltest doch . . .«
»Ja, ja, ich weiß!« sagt der Vater ungeduldig. »Ich spiel ein andermal mit dir. Du hörst doch, ich hab heute keine Zeit.«
Am nächsten Abend springt Frieder nicht wie sonst dem Vater entgegen.
»Hallo, wo ist denn mein Frieder?« ruft der Vater. Frieder gibt keine Antwort. Er sitzt auf seiner Bettkante und tut, als ob er nichts hört. Da kommt der Vater herein.
»Da bist du ja, Frieder«, sagt der Vater. »Willst du mir gar nicht guten Abend sagen?«
»Doch. Guten Abend, Vati.«

»Ist was los, Frieder?«
»Nein.«
»Oder doch? Komm, sag es mir.«
Frieder stößt einen tiefen Seufzer aus. »Spielst du nie mehr mit mir, Vati?« fragt er.
»Ach so, das meinst du. Paß mal auf«, sagt der Vater. »Nächsten Sonntag, da bring ich mir nichts zum Arbeiten mit. Das verspreche ich dir.«
Vergnügt geht Frieder mit dem Vater ins Wohnzimmer, zum Abendbrot.
Und gleich, als er am nächsten Sonntag aufwacht, denkt er: »Heute spielt Vati mit mir.«
So ein Pech! Als sie alle beim Frühstück sitzen, geht das Telefon. Ein Kollege vom Vater ruft an und bittet ihn zu kommen. Es ist etwas Wichtiges, was er mit ihm besprechen muß.
»Tut mir leid, mein Junge«, sagt der Vater. »Und für Mutti tut es mir auch leid. Aber ihr seht ja, wie es ist – ich muß wieder fort.«
»Aber du hast mir doch versprochen...« fängt Frieder an.
»Ja, ja, ja!« sagt der Vater ärgerlich. »Es kann einem doch mal etwas dazwischenkommen, nicht wahr?«
Frieder schleicht so betrübt in sein Zimmer, als der Vater gegangen ist, daß er der Mutter leid tut. Sie geht zu ihm.
»Mutti«, sagt Frieder. »Du hast doch gesagt, was man verspricht, das muß man auch halten.«
»Ja, Frieder, das ist auch so«, sagt die Mutter.
»Aber Vati, der tut das nicht«, sagt Frieder.
»Doch, Liebling, er hat es immer getan. Das war doch Pech, daß ihn jetzt sein Kollege anrief. Er wollte wirklich mit dir spielen«, sagt die Mutter. Und um Frieder aufzumuntern, sagt sie: »Weißt du was – du hast doch nächste Woche Geburtstag. Willst du nicht einen kleinen Wunschzettel schreiben?«
Frieder schüttelt trotzig den Kopf.
Aber da fällt ihm plötzlich etwas ein.

»Na, gut, dann kann ich ja einen schreiben!« erklärt er und geht zu seinem Schreibpult.
»Und ich back uns inzwischen einen Apfelpfannkuchen!« sagt die Mutter. Apfelpfannkuchen ist Frieders Lieblingsessen.
Während sie in der Küche arbeitet, fängt Frieder eifrig an zu schreiben. Er macht furchtbar viele Fehler, aber das macht nichts. Die Eltern werden es schon lesen können!

Was, meinst du, wünscht Frieder sich? Was hättest du dir gewünscht, wenn du jetzt Frieder wärst?

1. Das Problem der Geschichte:

Der Vater verspricht seinem Sohn immer wieder, mit ihm zu spielen und hält sein Wort nicht.

2. Problemkreise, die man anhand dieser Geschichte mit den Kindern besprechen kann:

- In den Kindern das Verständnis wecken, daß auch der Vater (oder die Mutter) Sorgen haben können und dadurch weniger Zeit und Lust zum Spielen.
- Muß man Versprechen halten?
- Gemeinsam beraten, wie man den Vater noch auf andere Weise dazu bringen könnte, wieder mit Frieder zu spielen.
- Die Kinder von ähnlichen Erlebnissen erzählen lassen.

Schluß der Geschichte:

Als der Vater abends nach Hause kommt, liegt Frieder schon im Bett. Aber auf dem Schreibtisch des Vaters liegt ein Zettel. Verwundert liest der Vater, was darauf steht:

>>Wuntschzätel fon Frieder
Ich möchte das Vatie maanchmall mit mihr
spihlt. Sons nichz.
fon Frieder.<<

Der Vater geht zur Mutter, die ihm gerade sein Abendbrot hinstellt.
»Hast du das gelesen?« fragt er und zeigt ihr den Zettel.
»Nein!« sagt die Mutter erstaunt.
»Wie ging es Frieder denn?« fragt der Vater.
»Ach, er war natürlich traurig, als du fortgingst«, sagt die Mutter.
»Armer Kerl. Glaubst du, daß er schon schläft?« fragt der Vater.
»Das glaub ich nicht. Er ist erst vor einer Viertelstunde ins Bett gegangen. So lange hat er immer noch gehofft, du würdest kommen.«
»Na, ich seh mal nach ihm!« sagt der Vater. Leise öffnet er die Tür zu Frieders Zimmer.
»Bist du noch wach, Frieder?«
»Ja, Vati.«
Der Vater setzt sich auf die Bettkante und nimmt Frieder in die Arme. »Bist du mir noch böse?« fragt er. Frieder schüttelt den Kopf.
»Du kannst dir ruhig noch etwas anderes zum Geburtstag wünschen«, sagt der Vater. »Das verspreche ich dir: wir spielen wieder zusammen. Verstanden?«
»Ja, Vati«, sagt Frieder glücklich. »Aber was man verspricht...«
»Ich weiß, ich weiß!« sagt der Vater. »Das muß man halten. Diesmal halte ich es, das sollst du sehen!«

Wo ist Hans geblieben?

Frau Maibach sagt zu ihrem achtjährigen Udo: »Weißt du nun auch wirklich, was du alles einkaufen sollst?«
»Ja, Mutter!« sagt Udo. »Es ist doch gar nicht viel: ein Block Briefpapier, fünfundzwanzig Briefumschläge, zwei Stück Seife und einen Topfschrubber.«
»Richtig!« sagt die Mutter und gibt Udo Geld.
Da kommt Udos kleiner Bruder angelaufen. »Hansi auch einkaufen!« sagt er. »Hansi mitkommen!«
»Darf ich ihn mitnehmen, Mutti?« fragt Udo.
»Na, gut«, sagt die Mutter. »Aber faß ihn bitte immer fest an, wenn ihr über die Straße geht – hörst du?«
»Mach ich«, nickt Udo.
Hansi geht fröhlich neben seinem großen Bruder her. Udo ist immer so nett und lustig.
Als sie zu dem großen Warenhaus kommen, sagt Hans: »Eisenbahn sehen! Hansi will Eisenbahn sehen.«
Udo sagt: »Ja, Hansi, nachher, wenn Udo eingekauft hat.«
Hansi weiß genau, daß hier eine Spielwarenabteilung ist, denn er war schon manchmal mit der Mutter hier. Und er weiß auch, daß man mit der Rolltreppe hinauffahren muß, der kleine Schlauberger.
Als sie durch die vielen Menschen gehen, die im Warenhaus herumwimmeln, zeigt Hans begeistert und zerrt Udo an der Hand:
»Da, Udo! Rolltreppe! Eisenbahn sehen!«
»Ja, Hansi«, sagt Udo geduldig. »Nachher.«

Die Papierabteilung ist im Erdgeschoß, da kauft Udo das Briefpapier und die Umschläge. Dann geht es zur Seifenabteilung. Als Udo alles richtig besorgt hat, geht er zur Kasse, um zu bezahlen. Ui je, da stehen aber viele Menschen! Udo muß eine Weile warten.
»Bleib hier beim Papierkorb stehen!« sagt er zu Hans. Denn jetzt muß er ihn loslassen, um das Portemonnaie herauszunehmen.
So, fertig!
Udo sieht sich nach seinem kleinen Bruder um. Und nun durchfährt ihn ein Schreck: Hans steht nicht mehr am Papierkorb, wo er eben noch war. Suchend sieht Udo sich um. Nirgends ist Hans zu sehen!
In seiner Angst fragt Udo den Mann, der hinter ihm steht: »Haben Sie einen kleinen Jungen gesehen? Meinen Bruder?«
»Was weiß ich, wo dein Bruder ist?« brummt der Mann.
Wo kann Hans nur hingelaufen sein? Udo läuft zur Rolltreppe, vielleicht ist Hans ja zur Spielwarenabteilung hinaufgefahren. Aber dann denkt er: »Nein« nein! Wenn ich jetzt nach oben fahre, läuft Hans womöglich auf die Straße ...
Was soll er nur tun?

Was würdest du jetzt an Udos Stelle tun?

1. Das Problem der Geschichte:

Ein Junge verliert in dem Warenhausgewühl seinen kleinen Bruder.

2. Problemkreise, die man anhand dieser Geschichte mit den Kindern besprechen kann:

○ Die Notwendigkeit besprechen, daß schnelles Handeln nötig ist, um größere Gefahr zu verhindern.

- Nicht allein »suchen«, sondern sich Angestellten vom Warenhaus anvertrauen.
- Überlegen, wie das Weglaufen kleinerer Kinder zu verhindern ist: an der Hand behalten – oder sie sich selbst am größeren Kind festhalten lassen, falls dies keine Hand frei hat.

Schluß der Geschichte:

Udo überlegt hin und her. Er ist ganz aufgeregt und weiß kaum, was er tun soll.
Aber nun fällt ihm etwas ein. Er geht zu einem Verkäufer und sagt: »Bitte, können Sie mir helfen?«
»Du siehst doch, daß ich gerade diesen Herrn bediene!« sagt der Mann. »Du mußt schon warten.«
»Aber mein Bruder ist weg!« ruft Udo. »Mein kleiner Bruder!«
»Ach so. Das ist etwas anderes«, sagt der Verkäufer. Und der Herr, der sich gerade Manschettenknöpfe aussucht, sagt: »Helfen Sie mal erst dem Jungen. Ich hab Zeit.«
Udo ist froh, daß die beiden Männer so freundlich sind.
»Wie alt ist dein Bruder?« fragt der Verkäufer?«
»Zweieinhalb.«
»Und wie heißt er?«
»Hans. Hans Maibach.«
»Und du selbst?«
»Udo Maibach.«
Der Verkäufer hat sich schnell alles notiert. »Warte, ich werde es gleich durchsagen lassen!« sagt er zu Udo und geht flink davon.
»Dein kleiner Bruder wird sich wohl wieder anfinden!« sagt der Herr mit den Manschettenknöpfen.
Da hört Udo plötzlich jemand durch einen Lautsprecher reden. Er erschrickt fast, denn es ist so laut, daß man es im ganzen Warenhaus hören kann.
»Achtung! Achtung! Ein zweijähriger Junge wird vermißt,

Hans Maibach. Hans, du sollst zu deinem Bruder kommen, hier unten an der Rolltreppe! Er wartet hier auf dich. Wer einen zweijährigen Jungen sieht, der allein herumläuft, möchte ihn bitte sofort ins Erdgeschoß zu Kasse 6, nahe der Rolltreppe, bringen.«

Udo hört mit klopfendem Herzen zu. Der Mann am Lautsprecher wiederholt noch einmal alles, was er gesagt hat.

Der Verkäufer kommt zurück. »So, wenn der kleine Bruder in fünf Minuten nicht hier ist, machen wir noch einmal eine Durchsage«, verspricht er.

Udo sieht ganz blaß aus. Wenn Hans nur nicht auf die Straße gelaufen ist . . .!

Aber plötzlich werden seine Augen groß vor Staunen und Freude. Da kommt ein Ehepaar und hat Hans in der Mitte. Udo läuft ihnen entgegen, Hans reißt sich los und stürzt in Udos Arme. Er hat Tränen in den Augen.

»Hansi nicht gewussen, wo Udo ist!« klagt er. Mit seiner Hand putzt er die Tränen fort.

»Ja, Hansi, warum bist du denn nicht da stehen geblieben, wo ich gesagt hab?« fragt Udo ihn.

»Hansi Eisenbahn sehen«, sagt Hans.

Zum Glück fällt Udo ein, daß er sich bedanken muß. Zuerst bei dem Ehepaar, das den kleinen Bruder gebracht hat.

»Ist schon gut«, sagt die Frau. »Wir wunderten uns schon, daß so ein kleiner Knirps hier ganz allein herumläuft. Und dann hörten wir ja die Ansage . . .«

»Ja, das war toll!« sagt Udo begeistert. Er bedankt sich bei dem netten Verkäufer, der ihm gleich geholfen hat.

Hans hat seinen Kummer schon vergessen.

»Hansi jetzt Eisenbahn sehen!« sagt er und zieht Udo energisch zur Rolltreppe. »Aber lauf nicht wieder weg, Hansi!« sagt Udo. Fest hält er den kleinen Bruder an der Hand. Oh, wie froh ist er, daß Hans heil und gesund neben ihm hergeht.

Es klingelt an der Tür

Als Vera am Sonnabend aus der Schule kommt, macht die Mutter ein geheimnisvolles Gesicht.
»Wir haben eine Überraschung für dich«, sagt sie. »Komm nur mit ins Wohnzimmer.«
Da wartet schon der Vater auf sie.
»Was für eine Überraschung?« fragt Vera gespannt.
»Wir sind morgen für den ganzen Nachmittag und auch am Abend zu Tante Ingrids siebzigstem Geburtstag eingeladen«, sagt der Vater mit ernstem Gesicht.
Vera macht entsetzte Augen. Das soll eine Überraschung sein? Tante Ingrid ist eine nervöse alte Dame. Wenn Kinder bei ihr zu Besuch sind, müssen sie mucksmäuschenstill auf ihren Stühlen sitzen, während die Großen lange Gespräche führen. Und die Tante erzählt ihnen immer, Kuchen und Schlagsahne sei nicht gesund für Kinder.
Vera sieht so enttäuscht aus, daß der Vater zu lachen anfängt. Und die Mutter sagt: »Vati macht ja nur Spaß, Vera. Wir sind wirklich eingeladen, aber du brauchst nicht mitzukommen.«
»Ein Glück!« sagt Vera.
»Und damit du dich nicht langweilst, so ganz allein zu Haus, dachten Vati und ich, daß du dir vielleicht deine Freundin Marianne einladen könntest.«
»Das geht ja nicht, Mutti«, sagt Vera traurig. »Du weißt doch, am Sonntag will Mariannes Vater immer, daß alle Kinder zu Hause sind, weil er die ganze Woche fort ist.«
»Ja, siehst du, und das ist die Überraschung!« sagt die Mutter. »Ich habe schon mit Mariannes Eltern telefoniert. Marianne

darf zu dir kommen und sogar hier schlafen, weil es abends spät wird, bis wir wiederkommen.«
Jetzt tanzt Vera vor Freude im Zimmer umher und umarmt den Vater und die Mutter immer abwechselnd.
Sie ist neun Jahre und hat sich schon lange eine Freundin gewünscht. Endlich hat sie eine gefunden. Vor kurzem ist Marianne in ihre Klasse gekommen – Marianne mit den fröhlichen dunklen Augen. Und seitdem sind die beiden befreundet.
Sie besuchen sich am Nachmittag, machen zusammen ihre Schularbeiten, lesen und unterhalten sich und wissen immer irgend etwas Neues, was sie spielen können.
Nur Sonntags bleiben beide Kinder bei ihren Eltern.
Aber diesmal darf Marianne also kommen – oh, wie freut sich Vera!
Am nächsten Tag kommt Marianne gleich nach dem Mittagessen. Sie hat ihre große Puppe mitgebracht. Weil es draußen kalt und regnerisch ist, wollen die Kinder gemütlich in Veras Zimmer sitzen und Puppenkleider nähen.
Die Mutter sucht ihnen noch allerlei bunte Stoffreste heraus. Dann fahren die Eltern fort. Und nun kann es losgehen mit der Puppenschneiderei.
Es macht Spaß, im warmen Zimmer zu sitzen und zu reden und niedliche Kleider für die Puppen zu nähen!
Marianne hat ein Maxikleid für ihre Puppe genäht. Gerade probiert sie es ihr an – da klingelt es an der Tür.
Die Mädchen sehen sich an. Hoffentlich kommt jetzt kein Besuch! denkt Vera. Das paßt doch gar nicht, wo die Eltern fort sind.
Vera geht zur Tür. Und auf einmal fällt ihr ein, was die Eltern ihr schon oft gesagt haben: »Laß nie jemand in die Wohnung, wenn wir nicht zu Hause sind, Vera!«
Vera macht die Kette vor und sieht durch das kleine Guckloch

in der Wohnungstür. Sie muß sich dazu auf die Zehenspitzen stellen.
Marianne kommt neugierig dazu. »Wer ist da?« fragt sie flüsternd.
»Ich weiß nicht«, flüstert Vera zurück.
Sie sieht einen Mann draußen stehen, den sie nicht kennt. Er klingelt noch einmal, etwas länger, und nun öffnet Vera zaghaft die Tür. Weil die Kette davor ist, kann sie nur einen Spalt weit aufmachen.
»Guten Tag«, sagt sie höflich. »Zu wem wollen Sie?«
»Mach nur auf, Kleine!« sagt der Mann. »Ich will zu deinem Pappi.«
»Mein Vater ist nicht da«, sagt Vera.
»Und deine Mammi?«
»Meine Mutter ist auch nicht da«, sagt Vera. »Meine Eltern sind fortgegangen. Kann ich etwas bestellen?«
»Das ist ja ärgerlich!« sagt der Mann. »Ich bin ein Kollege von deinem Pappi. Laß mich mal eben herein, dann schreibe ich ihm etwas auf – das kannst du nicht bestellen.«
Vera erschrickt.
Soll sie den Mann hereinlassen? Sie darf doch nicht unhöflich sein, wenn es ein Kollege von ihrem Vater ist. Aber sie soll auch keinen Fremden in die Wohnung lassen . . . Was soll sie bloß tun?

Was würdest du tun, wenn jemand in eure Wohnung wollte, und deine Eltern sind nicht zu Hause?

1. Das Problem der Geschichte:

Zwei Kinder sind allein in der Wohnung. Sie wissen nicht, ob sie einen Fremden, der sich als Kollege des Vaters ausgibt, hereinlassen sollen.

2. Problemkreise, die man anhand dieser Geschichte mit den Kindern besprechen kann:

- Deutlich darauf hinweisen, daß unter keinen Umständen ein »Fremder« eingelassen werden darf, wenn die Eltern nicht da sind.
- Besprechen, daß kein vernünftiger Mensch das unhöflich finden wird.
- Sich nicht durch Versprechen oder Drohungen überreden oder einschüchtern lassen!
- Die Kinder von ähnlichen Situationen erzählen lassen und wie sie sich verhalten haben.

Schluß der Geschichte:

»Einen Augenblick, bitte!« sagt Vera und macht die Tür zu. Marianne hat alles gehört.
»Er sagt, er ist ein Kollege von meinem Vater!« flüstert Vera.
»Aber ich kenne ihn doch gar nicht.«
»Laß ihn lieber nicht rein!« sagt Marianne und schüttelt heftig den Kopf.
Der Mann draußen klopft laut an die Tür. »Nun mach doch auf, Kleine!« sagt er. »Ich will ja nur etwas aufschreiben, hast du das verstanden?«
»Ich darf niemand hereinlassen, haben meine Eltern gesagt!« ruft Vera mit zitternder Stimme. Oh, wie gräßlich, daß der Mann gerade heute kommt, wo Mutti und Vati nicht zu Hause sind!
»Du brauchst keine Angst zu haben«, sagt der Mann ganz freundlich.
Vera sieht bange ihre Freundin an. Aber Marianne schüttelt wieder energisch den Kopf.
»Laß ihn nicht herein, Vera!«
Und das tut Vera auch nicht. Brummend geht der Mann schließlich fort. Vera nimmt schnell den Schlüssel und dreht ihn zweimal herum.

So! Nun fühlen sich die Mädchen erleichtert. Sie gehen in die Küche und kochen sich Kakao. Veras Mutter hat einen Marmorkuchen für sie gebacken, der soll ihnen jetzt schmecken! Zuletzt werden sie ganz übermütig.
Als abends die Eltern kommen, wundern sie sich, daß sie nicht zur Tür hereinkönnen. Denn Vera hat nicht gewagt, die Kette abzumachen.
»Was? Ihr schlaft noch nicht?« ruft die Mutter, als die beiden Mädchen ihnen in ihren Schlafanzügen entgegenspringen.
Und nun berichten die Kinder von ihrem Erlebnis.
Der Vater lobt sie sehr.
»Ihr seid zwei vernünftige Mädchen!« sagt er zufrieden. »Morgen im Büro werde ich ja erfahren, ob wirklich ein Kollege von mir hier war.«
»Du glaubst nicht, daß er böse auf uns ist?« fragt Vera besorgt.
»Aber nein!« lacht der Vater. »Auf jeden Fall war es gut, daß ihr ihn nicht hereingelassen habt!«
Vergnügt springen Vera und Marianne in ihre Betten. Sie unterhalten sich noch ein bißchen und lachen, bis ihnen die Augen vor Müdigkeit zufallen.

Ist das ein Dieb?

Am letzten Schultag vor den Ferien treffen sich Paul und Roland. »Wir verreisen diesmal nicht«, sagt Roland. »Aber dafür bekommen wir Besuch, von meinem Vetter Bobby.«
»Wir verreisen auch nicht«, sagt Paul.
»Du, dann können wir doch immer zusammen spielen!« sagt Roland vergnügt.
»O ja!« sagt Paul.
Gleich am ersten Ferientag kommt Paul zu Roland und Bobby. Denn Rolands Eltern haben einen großen Garten, in dem kann man großartig spielen.
Nun fängt eine herrliche Zeit an. Die drei neunjährigen Jungen gehen zusammen schwimmen, sie spielen im Garten Ball, und sie bauen sich hinten, wo das viele Gestrüpp ist zwischen den alten Bäumen, eine richtige Höhle.
Paul und Bobby schleppen eine alte Matratze herbei, die haben sie im Keller entdeckt. Und Roland holt Proviant aus der Küche: seine Mutter gibt ihm kalten Fruchtsaft und frisch gebackene Brötchen und für jeden eine Wurst.
Die drei Freunde sitzen auf der Matratze in ihrer Höhle und lassen es sich schmecken.
»Viel besser als verreisen!« sagt Roland kauend. Die Jungen nicken und nehmen große Schlucke Saft.
Eines Tages wollen Rolands Eltern am Nachmittag wegfahren und erst abends wiederkommen. »Wollt ihr mit?« fragt der Vater Roland und Bobby. Aber sie wollen lieber mit Paul im Garten spielen.
Die Eltern fahren fort, und die Jungen bleiben allein.

Es ist ein heißer Tag. Kein Lüftchen rührt sich.
»Wollen wir schwimmen gehen?« schlägt Paul vor. Aber Bobby und Roland winken ab.
»Später. Jetzt ist es zu heiß, der Weg ist so weit.«
Zum Ballspielen haben sie auch keine Lust. Selbst in ihrer Höhle ist es ihnen heute zu warm. Am kühlsten ist es unter den alten Bäumen hinten im Garten, die geben prächtigen Schatten. Die Jungen legen sich ins weiche Gras und sagen eine Weile gar nichts.
Bobby liegt auf dem Bauch. Plötzlich richtet er sich auf.
»Seid mal ganz still!« flüstert er. »Seht ihr – da drüben...?« Paul und Roland blicken hoch. Durch den Zaun sehen sie das Nachbarhaus.
»Seht ihr nicht? Da ist ein Mann!« flüstert Bobby.
Ja, jetzt sehen Paul und Roland es auch. Ein junger Mann klettert an der Veranda des Hauses hoch und versucht, ins Haus zu steigen.
Plötzlich sind die Freunde nicht mehr schläfrig, sondern hellwach und munter.
»Den Mann hab ich noch nie hier gesehen!« murmelt Roland.
»Das ist bestimmt ein Dieb!«
Die drei Jungen rühren sich nicht. Jetzt klettert der Mann über das Verandadach. Da – er findet ein Fenster, das nur angelehnt ist, und steigt ins Haus.
Die drei Jungen sehen sich an. »Wir müssen etwas unternehmen!« flüstert Roland.

Was sollen die Freunde tun? Was würdest du tun, wenn du siehst, daß ein Mann irgendwo durchs Fenster steigt?

1. Das Problem der Geschichte:

Drei Jungen, die allein zu Hause sind, sehen einen fremden Mann durch ein Fenster ins Nachbarhaus steigen.

2. Problemkreise, die man anhand dieser Geschichte mit den Kindern besprechen kann:

- Die Gefahr überlegen, die durch eigenes Eingreifen entstehen kann (den Dieb einschließen wollen o. ä. Versuche).
- Mit den Kindern besprechen, wohin Gleichgültigkeit führen kann:»Das geht mich nichts an«.
- Auch einmal die großen Vorteile bedenken, die wir durch öffentliche Einrichtungen (Telefon, Polizei) haben: schnelle Verständigung und Hilfe in gefährlichen Situationen.
- Ist es schlimm, die Polizei irrtümlich zu rufen? Unterscheiden, ob es sich um vermeintliche Gefahr handelt, oder ob es aus Mutwillen geschah.

Schluß der Geschichte:

Bobby sagt mit blitzenden Augen: »Ich kletter hinterher und mach das Fenster zu. Dann kann er nicht wieder raus.«
»Und wenn er dann schießt?« sagt Paul. »Nein, das geht nicht.«
Roland weiß einen Ausweg.
»Wir rufen die Polizei an! Schnell, kommt mit ins Haus! Aber leise, daß der Dieb nichts merkt!«
Sie schleichen wie die Indianer ins Haus. Roland rennt zum Telefon und ist ganz aufgeregt.
Gut, daß die Nummer oben auf dem Telefon steht: Notruf 110 steht da.
Roland wählt: 110.
Ein Polizeibeamter meldet sich. Roland sagt: »Kommen Sie bitte schnell in die Gartenstraße! Hier ist ein Einbrecher durchs Fenster gestiegen. Nein, nicht bei uns – bei unserem Nachbarn, Herrn Brandes.«
»Welche Nummer?« fragt der Polizist.
»Nummer 3!« sagt Roland. »Kommen Sie bitte schnell, sonst ist er inzwischen ausgerückt.«

»Wir kommen sofort!« sagt der Beamte, und Roland legt erleichtert den Hörer auf.
Bobby und Paul haben gespannt zugehört. Nun laufen alle drei vor die Gartenpforte an der Straße. Kurz darauf kommt mit Sirenengeheul ein Peterwagen durch die stille Straße gesaust.
Roland, Bobby und Paul laufen den Polizisten entgegen und zeigen ihnen das Haus von Herrn Brandes.
»Aber der Dieb ist hinten hineingeklettert!« erklärt Roland. »Über das Verandadach.«
Im Nu ist das Haus von den Polizisten »umstellt«. Einer von ihnen klingelt an der Haustür und ruft: »Aufmachen! Polizei! Sofort aufmachen!«
Die drei Freunde stehen an der Gartenpforte und sehen gespannt zu, was sich ereignet.
Die Haustür wird geöffnet – und der junge Mann steht vor den Polizisten.
»Das ist er! Das ist er!« flüstern die Jungen aufgeregt dem Beamten zu, der neben ihnen steht.
»Sie sind hier beobachtet worden«, sagt der Polizist zu dem jungen Mann, »wie Sie hinten ins Haus geklettert sind. Können Sie erklären, was das zu bedeuten hat?«
Der junge Mann starrt ihn verblüfft an – dann lacht er laut auf. »Wer hat das denn beobachtet?« fragt er.
»Hier, die drei Jungen!« sagt der Polizist und zeigt auf Roland, Paul und Bobby.
»Na, ihr seid ja tüchtige Kerle!« sagt der junge Mann belustigt. »Aber leider habt ihr Pech gehabt. Ich bin kein Dieb. Ich bin der Neffe von Herrn Brandes und sollte morgen für ein paar Wochen herkommen. Nun bin ich einen Tag eher gekommen, aber es ist niemand zu Hause. Da bin ich durchs Fenster gestiegen.«
»Kann ich bitte Ihre Papiere sehen?« fragt der Polizist.
In diesem Augenblick hält ein Wagen vor der Gartenpforte, und Herr Brandes steigt aus.

»Was ist denn hier los?« fragt er verwundert. »Polizei? Hallo, Dieter, da bist du ja schon!« sagt er zu dem jungen Mann.
»Ja, guten Tag, Onkel Eduard!« lacht der junge Mann. »Ich bin gleich von der Polizei empfangen worden.«
Nun ist alles klar: der Mann ist wirklich kein Dieb, und die Polizisten sind umsonst gekommen.
Roland, Paul und Bobby sind ganz verlegen, daß sie falschen Alarm gegeben haben.
Aber der erste Polizist sagt zu ihnen: »Ihr habt es richtig gemacht. Ihr seid tüchtige Jungen. Das konntet ihr ja nicht wissen, daß es kein Dieb war.«
»Jawohl!« ruft Herr Brandes. »Das sage ich auch. Ihr habt großartig aufgepaßt!«
Er klopft Roland auf die Schulter. »Ich muß mich bei euch bedanken«, sagt er.
»Ja, dafür sollt ihr jeder ein Eis haben!« sagt der junge Mann, als die Polizei wieder davonbraust. Und er nimmt für jeden der Jungen ein blankes Markstück aus seinem Portemonnaie.
»Vielen Dank!«
Die Freunde sehen sich vergnügt an. Trotz der Hitze: den Weg zum Eismann an der Ecke schaffen sie noch!

Bücher aus dem Programm der Kinderbeschäftigung

Rudolf Seitz/Trixi Haberlander (Hrsg.)
Schule der Phantasie
Kinder und Künstler werken, malen, bauen, spielen

Die „Schule der Phantasie" ist ein in München entstandenes Kursmodell, in dem Kinder, Künstler und Kunsterzieher frei und ungezwungen zusammenarbeiten und sich gegenseitig inspirieren. In diesem Buch schildern die Kursleiter, welche Ideen, Materialien und Techniken sie angeboten – und was die Kinder daraus gemacht haben. Es ist eine Anstiftung zur vielfältigen und schöpferischen Betätigung, um originelles und ungewöhnliches Handeln zu fördern.   ISBN 3-473-41098-5

Rudolf Seitz und das Münchner Team
Kinderatelier
Malen, Zeichnen, Drucken, Bauen

Dieses Buch zeigt in einer einzigartigen Zusammenstellung die verschiedenen Mal- und Zeichentechniken und einfache Druckverfahren und bietet außerdem eine Fülle phantasievoller Anregungen für Arbeiten mit Pappmaché, Gips, Karton, Ton und vieles mehr.

ISBN 3-473-41099-3

Klaus W. Hoffmann
Ene, mene, Singsang

Dieses Buch ist Sing-, Spiel- und Vorlesebuch in einem. Es bringt in bunter Folge kleine Geschichten, viele neue Lieder und Illustrationen. Die Kinder Christine und Christian erleben einen Tag voller Spaß und Abenteuer: Das beginnt morgens mit dem Wecker, der nicht klingelt, sondern Schabernack treibt, und endet abends mit dem Gute-Nacht-Lied für die Puppe, die sonst nicht einschlafen kann.

ISBN 3-374-41072-1

Susanne Stöcklin-Meier
Eins, zwei, drei – ritsche, ratsche, rei

Alte und neue Kinderreime wurden durch liebevoll ausgeführte Zeichnungen Schritt für Schritt ins Spiel umgesetzt, das man auf einen Blick nachmachen kann. Es gibt Reime für Neckspiele, Pfeifspiele, Fingerspiele, man kann hüpfen, lachen, tanzen ...

ISBN 3-473-41070-5

Susanne Stöcklin-Meier
Sprechen und Spielen

Ein Buch für Kinder, die aus dem Kinder-Versalter herauszuwachsen beginnen und für einstudiertes Kasperlspiel oder Kindertheater noch zu klein sind. Es möchte alle Kinder, auch sprachlich unbegabtere, zu eigener Sprachkreativität führen.

ISBN 3-473-41053-5

Die "Ich mach was mit…" – Bilderbastelbücher
zeigen den spielerischen Umgang mit Grundmaterialien.

3-473-37700-7

3-473-37704-X

3-473-37706-6

3-473-37703-1

3-473-37701-5

3-473-37702-3

3-473-37707-4

3-473-37705-8

Für Kinder ab 3 Jahren

Sachbücher für Leseanfänger

Annika de Ruvo/
Maj Widell
Was ist in meinem Körper los?
Humorvoll bekommt man hier erklärt, wie der Körper funktioniert und was geschieht, wenn man krank wird oder sich verletzt.
ISBN 3-473-35566-6

Grethe Fagerström/
Gunilla Hansson
Peter, Ida und Minimum
Eine Familie bekommt ein Baby. Da tauchen viele Fragen auf, die hier unbefangen beantwortet werden.
Deutscher Jugendbuchpreis 1980.
ISBN 3-473-35567-4

Frank Franke/
Eckhart Schädrich
Sicher ist sicher
Schutzengel Pippo Flitz in Aktion: In 14 farbig illustrierten Bildergeschichten berichtet er über die häufigsten Unfallsituationen, in die Kinder geraten.
ISBN 3-473-35581-X

Peter Lustig
Wie funktioniert ein Auto?
Wie erklärt man am einfachsten das Innenleben eines Autos? Professor Knispel hat immer gute Beispiele zur Hand. Teil für Teil „erfindet" er das Auto noch mal.
ISBN 3-473-35565-8